Hans-Jürgen van der Gieth
Leichter lernen: Geschichte

D1731870

OMNIBUS

DER AUTOR Hans-Jürgen van der Gieth, Jahrgang 1951, ist Konrektor an der Realschule Willich. Er ist verheiratet und hat zwei Kinder. Er unterrichtet in den Fächern Geschichte, Politik, Sozialwissenschaften, Deutsch und Sport.

Hans-Jürgen
van der Gieth

Leichter lernen: Geschichte

Band 20688

Der Taschenbuchverlag
für Kinder und Jugendliche
von Bertelsmann

Umwelthinweis:
Dieses Buch wurde auf chlorfrei gebleichtem
Papier gedruckt.

Erstmals als OMNIBUS Taschenbuch August 2000
Gesetzt nach den Regeln der Rechtschreibreform
© 2000 AOL Verlag, Lichtenau
Eine textlich identische, aber anders gestaltete
Ausgabe dieses Buches erscheint im AOL Verlag
unter dem Titel »Geschichte verstehen lernen«
Alle Rechte an dieser Ausgabe vorbehalten durch
C. Bertelsmann Jugendbuch Verlag, München
in der Verlagsgruppe Bertelsmann GmbH
Innenillustrationen: Rita Reiser
Umschlagbild: Thomas Haubold/Which Art
Umschlaggestaltung: Atelier Langenfass, Ismaning
Umschlagkonzeption: Klaus Renner
KR · Herstellung: Stefan Hansen
Satz: Uhl + Massopust, Aalen
Druck: Presse-Druck Augsburg
ISBN 3-570-20688-2
Printed in Germany

10 9 8 7 6 5 4 3 2 1

Inhaltsübersicht

Liebe Leserin und lieber Leser,

warum sollen wir uns überhaupt mit Geschichte beschäftigen?

„Um aus der Geschichte zu lernen", „um zu erfahren, wie es früher war", „um zu erfahren, wie und warum wir so geworden sind, wie wir sind" – es gibt viele Gründe.

Nach den Richtlinien für den Geschichtsunterricht an den Schulen sollen Schülerinnen und Schüler ein Geschichtsbewusstsein entwickeln. Aber was ist das?

Ist es das Bewusstsein seiner eigenen Geschichtlichkeit? Das Wissen darüber, welche geschichtlichen Ereignisse, welche Bedingungen das eigene Leben, das Leben des eigenen Volkes beeinflusst haben? Sind es die unterschiedlichen wirtschaftlichen und gesellschaftlichen Interessen, die die geschichtlichen Verhältnisse beeinflusst haben? Das Wissen, dass Menschen Macht über andere Menschen ausgeübt, sie ausgebeutet haben, dass der Mensch in unterschiedlicher Weise seine Umwelt genutzt und missbraucht hat?

Wie haben sich Sprache, Kleidung, die Produktion von Nahrungsmitteln, die gewalttätigen Auseinandersetzungen zwischen Gruppen, Stämmen und Völkern im Lauf der Geschichte verändert? Diese Entwicklungen nachzuvollziehen, die Ursachen zu analysieren, Erfahrungen zu sammeln und auf die Gegenwart und die Zukunft zu übertragen – all das trägt zur Entwicklung von Geschichtsbewusstsein bei.

Geschichte ist eine überaus interessante, spannende Angelegenheit. Daher ist auch das Interesse an geschichtlichen Fragen bei heranwachsenden Menschen grundsätzlich sehr groß. Leider gelingt es in der Schule nicht immer, dieses „natürliche" Interesse zu nutzen und junge Menschen durchgängig für das Fach Geschichte zu begeistern.

Oft fehlt es am Grundwissen, können bestimmte Ereignisse nicht richtig eingeordnet werden, weiß man nicht so recht, wie alles zusammengehört. Genau hier setzt dieses Heft an: Es will Grundlagen der Geschichte vermitteln.

Dafür enthält es das Wissen, über das ein junger Mensch nach Ablauf seiner Schulzeit verfügen soll.

So werden sowohl grundlegende Methoden des Faches Geschichte vermittelt als auch die wichtigsten geschichtlichen Ereignisse und wichtige Personen vorgestellt, die die Geschichte mitbestimmt haben.

Natürlich kann die gesamte Geschichte nicht in einem Heft zusammengefasst werden.

Einen ganz knappen Überblick über die großen Epochen der Geschichte geben die Seiten 32 und 33 in der Heftmitte.

Ausführlicher beginnen wir dann mit der Französischen Revolution von 1789 – weil sie ganz wesentlich die Neuzeit bestimmt und die Demokratie vorbereitet hat, in der wir heute leben.

Die Gegenwart – und wie sie so geworden ist, wie sie ist – kann man sich am besten ab S. 42 erschließen:

Auf der linken Seite ist die Geschichte der letzten 130 Jahre stichwortartig zusammengefasst, auf der rechten Seite ist Platz für Daten aus der eigenen Familie: Wann haben die Ururgroßeltern geheiratet, wer ist ausgewandert, wer hat die Kriege und die Inflation miterlebt, wer ist wann an was gestorben (und hätte vielleicht heute mit den Mitteln der modernen Medizin gerettet werden können) – manches wird auf einmal verständlich und erscheint in einem anderen Licht, wenn man daneben liest, was in derselben Zeit in der Politik geschehen ist. In den freien Raum kann man auch Ausschnitte von Kopien alter Fotos kleben, die Verwandtschaft dazu befragen und so erhält man nach und nach ein ganz eigenes, persönliches Geschichtsbuch.

Viel Erfolg beim Arbeiten mit diesem Heft.

Hans-Jürgen van der Gieth

1.0 Was ist das – Geschichte?

Geschichtliches Wissen bedeutet die Zusammenhänge in der historischen Entwicklung zu kennen, zu verstehen und sie deuten zu können. Vieles hängt mit vielem zusammen. So beeinflussen die geografischen und klimatischen Bedingungen das Leben der Menschen, ihr Denken und Handeln, die gesellschaftlichen Verhältnisse, die Normen und Regeln.

Die Ureinwohner Grönlands, Nordamerikas oder Australiens lebten, ernährten, organisierten sich, liebten und kämpften jeweils abhängig von den Bedingungen ihres Lebensraumes.

Auch heute sind die wirtschaftlichen Verhältnisse abhängig von den geografischen und klimatischen Gegebenheiten (u. a. Bodenbeschaffenheit, Bodenschätze, Meereszugang, natürliche Transportwege, Wasservorkommen, Regenzeiten). Sie bestimmten und bestimmen in großem Maße die gesellschaftliche und politische Gestaltung innerhalb eines Volkes, eines Staates.

Seit dem Beginn der so genannten industriellen Revolution vor rund 150 Jahren nimmt der technische Fortschritt einen immer größeren Einfluss auf den Lebensstandard einer Gesellschaft. Er verringert deren Abhängigkeit von den geografischen und klimatischen Gegebenheiten. Technischer Fortschritt bedeutet aber nicht automatisch eine Steigerung der Lebensqualität.

Wir sehen die negativen Folgen ungebremsten technischen Fortschritts bei der Kernspaltung mit der Entwicklung der Atombombe und den Gefahren durch Kernkraftwerke, die noch ungelösten Probleme der Gentechnologie sowie die ganze Bandbreite der Umweltzerstörungen in allen Lebensbereichen (z. B. Ozonloch und Hautkrebs, Klimaveränderung, Waldsterben).

Auch unser Denken, unsere Einstellungen und Grundprinzipien bestimmen die Entwicklung unserer Lebensverhältnisse. Und umgekehrt: Unsere Lebensverhältnisse wirken auf unser Denken ein und damit auf unser politisches und gesellschaftliches System, unseren Staat.

Die Entwicklung von Rechtsnormen und Moralvorstellungen, von Strafen und ihrem Vollzug, sind abhängig von den jeweils geltenden gesellschaftlichen und politischen Vorstellungen und Normen und Regeln in einem Staatsgebilde.

Schon immer in der Geschichte der Menschheit fragt man sich, ob es nicht grundlegende, allgemein gültige Regeln gibt, Rechte für alle Menschen. Rechte, die sich aus dem Wesen, aus der Natur des Menschen ergeben.Schon früh wurden solche Grundfreiheiten formuliert und für das Zusammenleben von Menschen in einer bestimmten Gesellschaft für verbindlich erklärt.

Früher galten diese Grundfreiheiten wie die Freiheitsrechte, das Recht auf Leben und Gesundheit, auf ein menschenwürdiges Leben, nicht für alle Menschen, sondern nur für bestimmte (König, Adlige, Parteiangehörige o.Ä.). Auch heute gelten die meisten Rechte nur für die Menschen der so genannten Ersten Welt, den Menschen in den Industriestaaten.

Doch es gibt Rechte, die allen Menschen aufgrund ihres Menschseins zustehen. Diese Menschenrechte bilden die

Grundlagen des Zusammenlebens aller Menschen auf der Erde.

Eine Gesellschaft kann sich erst dann als eine humane (menschliche) Gesellschaft bezeichnen, wenn sie diese Rechte uneingeschränkt schützt. Eine Gesellschaft, in der es die Todesstrafe gibt, ist demnach keine humane Gesellschaft. Das Recht auf Leben, das jedem Menschen zusteht, kann einem Einzelnen aus der Gesellschaft nicht durch ein Gesetz beziehungsweise einen Richterspruch genommen werden. Auch dann nicht, wenn diese Normen und Entscheidungen aufgrund einer Mehrheitsentscheidung des Volkes zu Stande gekommen sind.

Auch die Einschränkung der persönlichen Entfaltungsfreiheit im 20. Jahrhundert im Nationalsozialismus oder in den Unrechtssystemen der ehemaligen Sowjetunion oder der DDR ist nicht vereinbar mit den allgemein gültigen Menschenrechten.

Diese Maßstäbe gelten selbstverständlich auch für die Gegenwart und die Zukunft.

So dürfen Unrechtssysteme keine Anerkennung durch die „freien" Staaten der Welt erhalten, auch wenn wirtschaftliche Beziehungen auf dem Spiele stehen. Diese Staaten können keine Zusammenarbeit erwarten, solange sie ihre menschenverachtende Politik nicht aufgeben.

Die Weltgemeinschaft darf einfach nicht untätig zuschauen, wenn ein menschenverachtendes System seine Kritiker und Gegner im eigenen Volk umbringt, ganze Volksgruppen („ethnische Säuberung") ausradiert und ihre politischen Ziele mit Mitteln durchsetzt, die den grundlegenden Prinzipien der Menschenrechte widerspricht. Hier endet das so genannte Selbstbestimmungsrecht der Völker.

Geschichte ist also nicht nur die Aneinanderreihung von

Geschichtsepochen, von Herrschern, Kriegen und Eroberungen: Sie umfasst das gesamte Spektrum des Lebens. Neben den reinen Ereignissen (die so genannte Ereignis-Geschichte) auch das Denken der Menschen, ihre Vorstellungen von der Welt, von den Menschen, ihrem Zusammenleben, vom Sinn unseres Daseins, dem Ziel menschlicher Existenz. Aber auch die Art und Weise der Regierung, die Regeln der Gemeinschaft, die Strafen, die Werte usw.

Die Beschäftigung mit diesen philosophischen Fragen äußert sich in der Formulierung einer Weltanschauung, einer Ideologie eines Volkes bzw. eines Staates.

Es gibt eine Reihe von Ideologien, von Ideengebäuden, die oft sehr unterschiedlich sind.

Die wichtigsten sind:

- **Konservatismus:** Festhalten am Alten, auf die Erhaltung des Überlieferten bedacht sein.
- **Nationalismus:** Auf die eigene Nation ausgerichtet sein; Abgrenzung und Durchsetzung eigener Interessen gegenüber anderen Nationen.
- **Nationalsozialismus:** Übersteigerter Nationalismus sowie Rassismus und Antisemitismus; Führerprinzip und Ausweitung des eigenen Herrschaftsgebietes.
- **Liberalismus:** Grundlegend sind der Gedanke der Freiheit des einzelnen Menschen und der wirtschaftlichen Betriebe und der Gleichheit aller Menschen vor dem Gesetz. Wirtschaftliches Handeln wird nicht vom Staat bestimmt.
- **Kommunismus:** Abbau gesellschaftlicher Unterschiede (Gleichheit aller Menschen) und Aufhebung des Privateigentums (an Produktionsmitteln).

- **Sozialismus:** Sammelbegriff für verschiedene Weltanschauungen, die eine Änderung der bestehenden Eigentumsverhältnisse zum Ziel haben.

Allen „… ismen" liegt ein jeweils anderes Menschen- und Weltbild zugrunde, das Ziel einer Gesellschaft wird unterschiedlich gesehen, andere politische Gestaltungsformen (Staats- und Regierungsformen) werden formuliert.

Während früher im Geschichtsunterricht die so genannte Herrschaftsgeschichte im Vordergrund stand, sucht man heute unterschiedliche Zugänge zum Erschließen der Geschichte. Das Alltagsleben der Menschen wird stärker erforscht: Unter welchen Bedingungen haben die Menschen in ihrer Zeit gelebt? Wie haben sie gewohnt? Welche Nahrungsmittel haben sie angebaut und wie sahen ihre Essgewohnheiten aus? Wie kleideten sie sich? Welche Feste feierten sie? Was haben sie gelesen, welche Musik gehört, welche Lieder gesungen? Wie gestalteten sich ihre zwischenmenschlichen Beziehungen (Partnerschaft, Ehe, Sexualität …)?

Interessant ist auch die Beschäftigung mit Geschichte aus dem Blickwinkel eines bestimmten Personenkreises: Zum Beispiel die Geschichte der Kinder, der Frauen, der Bauern, der Arbeiter usw.

Solche Geschichtsbetrachtungen erfolgen in einem so genannten historischen Längsschnitt.

Anhand eines ausgewählten Themas (z. B. Kinder) wird ein Streifzug durch verschiedene geschichtliche Epochen vorgenommen (Geschichte der Kinder vom Bau der Pyramiden bis zur Gegenwart). Bei dieser Geschichtsbetrachtung stehen die Lebensbedingungen der Kinder in ihrer jeweiligen Zeit im Vordergrund, ohne jedoch die allgemeinen Verhältnisse in der Epoche (politische Verhältnisse, wirtschaftliche Entwicklungen, kulturelle Besonderheiten etc.) zu vernachlässigen.

Aber auch andere speziellere Betrachtungsweisen sind in den letzten Jahren stärker berücksichtigt worden. Hierzu gehören die Umwelt-Geschichte und die Mentalitätsgeschichte (Entwicklung des Denkens und Fühlens, der Verhaltensweisen und Einstellungen der Menschen, ihr „gesellschaftliches Bewusstsein". Auch für diese Formen der Geschichtsbetrachtung eignet sich der historische Längsschnitt.

Neben den genannten inhaltlichen Schwerpunktthemen gibt es weitere, z.B. die Geschichte der Seuchen und Krankheiten, der Ernährung, der Landwirtschaft, der Arbeit und Technik, der Menschenrechte.

2.0 Wie lernt man Geschichte?
Forschungsmethoden und -techniken im Fach Geschichte

„Woher will man eigentlich wissen, wie es früher war; damals, als man noch keine Fotos machen konnte, als es noch kein Fernsehen gab?"
Eine berechtigte Frage: Woher wissen wir, wie es war?
Im Wesentlichen beziehen wir unser Wissen aus schriftlichen und bildlichen Quellen, also Texte, Gemälde und handwerkliche Gegenstände oder durch mündliche Überlieferung. So erfahren wir, wie die Menschen gelebt haben, welche Sitten und Bräuche sie hatten, wer und auf welche Weise gegen wen Krieg geführt hat, wie die Menschen gewohnt haben, welche Werkzeuge und Waffen sie hatten, was sie gedacht und gefühlt haben.
Wie sehen diese Quellen nun aus:

Schriftliche Quellen:
Das sind Aufzeichnungen aus der jeweiligen Zeit wie z. B. Urkunden, Verträge, Zeitungsartikel, Plakate, Flugblätter, Tagebuchnotizen oder Reden. Auch die Werke von Geschichtsschreibern und wissenschaftliche oder nicht-wissenschaftliche Bücher über geschichtliche Vorgänge gehören hierzu. Wichtig ist es, den in diesen Quellen enthaltenen Sachverhalt zu erkennen und ihn von einer eventuellen Wertung (des Verfassers oder seines Auftraggebers) unterscheiden zu können. Deswegen ist es sinnvoll, mit folgenden Fragen an schriftliche Quellen heranzugehen:
– Wer hat den Text geschrieben bzw. wer könnte ihn geschrieben haben?

– Welche Informationen erfährt man über den Verfasser des Textes?
– Wann wurde der Text geschrieben?
– Was ist der Hauptinhalt, das Thema des Textes?
– Nimmt die Verfasserin einen eigenen Standpunkt ein? Welchen?
– Will der Text informieren, überzeugen, überreden etc.?
– Gibt es Widersprüche im Text? Werden bestimmte Interessen vertreten?
– In welcher Sprache ist der Text geschrieben, welche besonderen Begriffe werden benutzt? Was bedeuteten diese Begriffe damals, was verstehen wir heute darunter?
– Für wen (an wen) ist der Text geschrieben worden?
– Aus welchem Anlass ist der Text geschrieben worden bzw. welche Absicht steckte hinter der Abfassung dieses Textes?
– Welche Meinung vertritt man als Leser?

Geschichtskarten:
Geografische Karten vermitteln erdkundliche Informationen (Kontinente, Oberflächengestaltung, Besiedlung usw.) und oft auch bedeutsame geschichtliche Erkenntnisse: Gebirge, Meere und Flüsse sind wichtig für die Besiedlung, die Grenzziehung zwischen Völkern, den Transport von Waren, die Kriegsführung.
Eine Geschichtskarte enthält noch weitere Informationen: Die Frontverläufe bei Kriegen, die Richtung von Wanderzügen von Völkern, die Besiedlung eines Gebietes durch ein bestimmtes Volk zu einer bestimmten Zeit.
Folgende Fragen erleichtern das Erschließen und Verstehen von Geschichtskarten:
– Über welches Thema informiert die Karte?

- Aus welcher Zeit stammt die Karte?
- Wie lässt sich das Dargestellte einordnen? (Z. B. innerhalb eines Erdteils, eines Staates u. Ä.)
- Welche Staaten, Städte, geografischen Verhältnisse (Berge, Flüsse …), Ereignisse usw. sind für das Thema der Karte wichtig?
- Zu welchem Zweck wurde die Karte angefertigt?

Bilder:

Mit Hilfe folgender Fragen erschließen wir Wandmalereien, historische Kupferstiche, Zeichnungen, Karikaturen oder Fotos als Geschichtsquellen:

- Was ist dargestellt? (Personen, Tiere, Gegenstände, Situationen, Ereignisse)
- Wer ist der „Produzent" des Bildes? (Maler, Zeichner, Fotograf)
- Aus welchem Anlass wurde das Bild gefertigt?
- Wie ist das Motiv dargestellt? Entspricht die Darstellung der Wirklichkeit oder ist sie Ergebnis der künstlerischen Sichtweise? Ist die Darstellungsweise verlässlich?
- Welche besonderen Informationen können dem Bild entnommen werden? (Lebensverhältnisse, Häuser, Kleidung, Essen, Waffen, Werkzeuge, Arbeitsstätten)

Oft erhält man wichtige Informationen aus der Legende beim Bild.

Nichtschriftliche Quellen: Bodenfunde

Gerade aus der frühen Zeit der Menschheit, der Vorgeschichte, besitzen wir keine schriftlichen Zeugnisse, dafür aber Funde von Überresten im Erdboden. Bei Ausgrabungen durch Archäologen (= Altertumskundler) werden Überreste aus längst vergangenen Zeiten gefunden: Tongefäße, Schmuck, Werkzeuge, Schriftrollen oder auch Überreste von Menschen. Immer sind es Quellen, die die Vergangenheit erschließen.

Wir erfahren etwas über die Lebensweise, die Bräuche, die Werkzeuge, aber auch über den Körperbau oder die Essgewohnheiten und Krankheiten der frühen Menschen. Hier fragen wir:

– Wie alt sind die Überreste?
– Wo wurden sie gefunden?
– In welchem Zustand befinden sich die Überreste?
– Lassen sich die Funde mit ähnlichen von anderen Orten vergleichen?

Nichtschriftliche Quellen: Bauwerke

Auch Kirchen, Rathäuser, Brücken, Burgen und Paläste, Bauernhäuser und Wohnhäuser, Denkmäler und Statuen sind Zeugen ihrer Zeit und der Menschen, die das Bauwerk geplant und errichtet haben.

Auch hier fragen wir in ähnlicher Weise:

– Zu welchem Zweck wurde das Bauwerk errichtet?
– Wie wird das Bauwerk seinen Aufgaben gerecht?
– Wer hat das Bauwerk errichten lassen, wer hat es gebaut?
– Wer hat die Errichtung des Bauwerks finanziert?
– In welchem Baustil, mit welchen künstlerischen Mitteln, mit welchen Materialien ist das Bauwerk errichtet worden?

19

– Welche Veränderungen sind im Laufe der Zeit an dem Bauwerk vorgenommen worden?

Neben der Arbeit mit den hier vorgestellten Forschungsmethoden spielen noch vielfältige „Verarbeitungs-/Bearbeitungsmethoden" eine Rolle, die gerade im Unterricht von Bedeutung sind. Ich stelle sie kurz vor:

Rollenspiel:
Eine bestimmte historische Situation wird nachgespielt. Dabei richtet sich die Gestaltung der einzelnen historischen Rolle nach der tatsächlichen Begebenheit. In einem Rollenspiel kann simuliert werden, wie wir die Probleme lösen würden, wenn wir damals gelebt hätten.
Dazu müssen wir uns natürlich in die Rolle der damaligen Menschen hineinversetzen, ihre Verhaltensweisen nachvollziehen, ihre Sorgen, Ängste und Wünsche nachempfinden und Lösungen entwickeln.

Nachbau historischer Bauwerke:
Anhand verkleinerter Modelle einer Kirche, einer Burg, eines Schlosses oder eines sonstigen historischen Bauwerks lassen sich vielfältige Erkenntnisse über die damalige Funktion und Bedeutung der Bauwerke in ihrer Zeit gewinnen. Sie können auch bei der Durchführung von Rollenspielen im kleinen Kreis helfen, vor allem bei jüngeren Schülerinnen und Schülern.

Simulation von historischen Arbeitsweisen:
Hierfür bieten sich Arbeitsweisen an, die in einer jeweiligen Epoche das Leben einer bestimmten Bevölkerungsgruppe bestimmt haben oder die wesentliche Veränderun-

gen im Leben der Menschen nach sich gezogen haben: der Buchdruck, wie ihn Johannes Gutenberg praktiziert hat, oder die Anbaumethoden unserer Vorfahren im Mittelalter und zahlreiche handwerkliche Tätigkeiten, die sich zum Nachahmen eignen.

Besuch eines historischen Museums:
Sie bieten einen Einblick in eine bestimmte Epoche (z. B. Römisch-Germanisches Museum in Köln), beschäftigen sich mit der Geschichte einer ausgewählten Region (z. B. Niederrheinmuseum) oder thematisieren bestimmte

Aspekte, die häufig auch in einer konkreten Ausstellung innerhalb eines Museums angesprochen werden: das Leben der Bauern; Industriearbeit im 19. Jahrhundert; Leben der Ritter; Kirchenkunst im Mittelalter.

Besonders geeignet sind die Freilichtmuseen, die meist eine Einbettung der historischen Zeit in die landschaftlichen Gegebenheiten vornehmen und darüber hinaus das Alltagsleben der damals lebenden Menschen in den Mittelpunkt stellen. Oft werden dort entsprechende Lebensweisen, Handwerkskünste, Anbaumethoden u. Ä. praktisch vorgeführt.

Befragung von Zeitzeugen:
Von den „goldenen Zwanzigerjahren", der Weltwirtschaftskrise von 1929, dem Nationalsozialismus, von Krieg und Vertreibung, der Besatzungszeit/Nachkriegszeit (1945–1949) und den Anfängen der Bundesrepublik oder der

Deutschen Demokratischen Republik berichten viele Urgroßeltern und Großeltern. Sie kann man noch direkt befragen. Dabei muss man sensibel vorgehen, denn oftmals sind die Erinnerungen mit negativen Gefühlen verbunden. Auf kritische Fragen braucht dabei nicht verzichtet zu werden, doch bringt es nichts, wenn man Zeitzeugen in eine Rechtfertigungsrolle zwängt; das erschwert ihnen die genaue Erinnerung.

Mögliches Vorgehen bei der Befragung eines Zeitzeugen:

- Vorbereitung: Befragungsthemen überlegen; Gruppen festlegen; Zeitzeugen suchen; Termine verabreden.
- Fragenkatalog: Inhalte festlegen; Gesprächsgliederung.
- Vorbereitung des Gesprächs: äußerer Rahmen (Raum, Teilnehmerkreis etc.), Gesprächsleitung, Protokollierung.
- Durchführung des Gesprächs
- Auswertung des Gesprächs
- Zusammenfassung der Ergebnisse
- Präsentation der Ergebnisse: z. B. Wandzeitung, Klassen- oder Schülerzeitung, Zeitungsartikel usw.

Weitere „methodische" Möglichkeiten:

- Schreiben und Produzieren eines Hörspiels
- Fertigung einer Collage
- Fertigung eines Comic
- Fertigung einer Zeitleiste (z. B. im Klassenraum zum Aushang)
- Schreiben einer Geschichtserzählung
- Entwicklung von Geschichtsspielen
- Fertigung von Lernkärtchen (Frage- und Antwortkarten)
- Fertigung eines Kreuzworträtsels, Erarbeitung eines Geschichtsquiz

- Betrachtung und Analyse von Filmen zu historischen Themen (Dokumentationsfilme, Spielfilme)
- Beschäftigung mit literarischen Texten zu geschichtlichen Themen (Kinder- und Jugendromane)

Sinnvoll ist es immer, Arbeiten dieser Art in Zusammenarbeit mit örtlichen Vereinen (Heimatverein, kulturelle Vereine und Sportvereine mit langer Tradition) durchzuführen. Jubiläen und Festschriften können das Ergebnis einer solchen Arbeit sein – die oft zu großer Anerkennung führen und eine wichtige Vorbereitung für den eigenen Beruf sein können.

Und schließlich kann man auch im Internet Quellen erschließen. Die wichtigsten Internet-Adressen für den Bildungsbereich findet man jährlich frisch aktualisiert in gedruckter Form im SCHUBRA (Schul-Branchenbuch – Bezug: bbv, Waldstr. 18, 77839 Lichtenau) oder digital im Internet unter www.bildungsmarkt.com.

3.0 Überblick über die wichtigsten geschichtlichen Epochen

Als mündiger Bürger im vereinten Europa sollte man einen groben Überblick über die gesamte Geschichte haben. Wir beschäftigen uns schwerpunktmäßig mit der Entwicklung der Welt seit der Französischen Revolution und hier besonders mit den Folgen der so genannten industriellen Revolution, also der Geschichte der vergangenen 170 Jahre.

Einen Kurzüberblick über die gesamte Geschichte bietet die chronologisch aufgebaute Zeitleiste in der Heftmitte. Und ab Seite 42 kann man die Geschichte seit 1848 mit persönlichen Daten (familiäre Ereignisse) und Daten aus der Region (Stadt- und Landesgeschichte) ergänzen.

3.1 Die Französische Revolution 1789

Die Ereignisse der Französischen Revolution des Jahres 1789 kamen nicht unvermittelt.

Im vorangegangenen Zeitalter des Absolutismus hatten überall in Europa starke Herrscher die Sonderrechte der Stände beseitigt und ihren Staat unter einer einheitlichen Verwaltung zusammengefasst. Sie herrschten – wie sie meinten – „von Gottes Gnaden" unumschränkt (absolut) Alle Macht des Staates war in einer Hand zusammengeballt. Die Bürger waren „Untertanen" und hatten zu gehorchen und zu dienen.

Teile des gebildeten Bürgertums lehnten sich gegen diese

Bevormundung auf. Anfang des 18. Jahrhunderts griff die so genannte „Aufklärung" von England über Frankreich auf ganz Europa über. Ihr zentraler Gedanke war: „Habe Mut, dich deines eigenen Verstandes zu bedienen" – um sich von der Unmündigkeit zu befreien, in der man sich befand.

Die Anhänger der Aufklärung nannten sich „Weltbürger", weil sie für die ganze Menschheit wirken wollten. Vorbereitet wurde die Aufklärung von der Renaissance und den vorangegangenen naturwissenschaftlichen Erkenntnissen. Neue geografische Entdeckungen und die Ergebnisse wissenschaftlicher Forschungen stärkten das Selbstbewusstsein der Menschen. Statt auf kirchliche Gebote und den Glauben an eine höhere Macht vertrauten viele Menschen auf die eigenen Fähigkeiten und die Vernunft.

Einer der wichtigsten Aufklärer war der Engländer John Locke. Der Herrscher eines Volkes müsse vom Volk bestimmt werden. Der Franzose Montesquieu verlangte die Aufteilung der Staatsmacht in eine gesetzgebende, eine ausführende und in eine rechtsprechende Gewalt. Für Jean Jaques Rousseau war die Republik die beste Staatsform. Die Rechte des Volkes seien nicht teilbar. In seinem „Gesellschaftsvertrag" forderte er die unmittelbare und ausschließliche Herrschaft des Volkes durch Volksabstimmungen.

Zur Französischen Revolution haben aber auch die Ereignisse in Nordamerika beigetragen. Bereits die ersten europäischen Einwanderer auf dem amerikanischen Kontinent, die so genannten „Pilgerväter", hatten sich geschworen, „sich selbst rechte Gesetze zu geben, wie es am zuträglichsten für das allgemeine Wohl erscheint".

An der amerikanischen Ostküste wurden 13 englische Kolonien gegründet. Das englische Mutterland forderte von ihnen die Zahlung von Steuern. England hatte hohe Staatsschulden. Die Kolonisten lehnten die Zahlung der Steuer als rechtswidrig ab und erklärten am 4. Juli 1776 ihre Unabhängigkeit:

„Wir halten folgende Wahrheiten für selbstverständlich: dass alle Menschen gleich geschaffen sind; dass sie von ihrem Schöpfer mit gewissen unveräußerlichen Rechten ausgestattet sind; dass dazu das Leben, die Freiheit und das Streben nach Glück gehören; dass zur Sicherung dieser Rechte Regierungen unter den Menschen eingesetzt sind, die ihre rechtmäßigen Befugnisse aus der Zustimmung der Regierten herleiten; dass, wann immer irgendeine Regierungsform sich als diesen Zielen schädlich erweist, es das Recht des Volkes ist, sie zu ändern oder abzuschaffen und eine neue Regierung einzusetzen."

Auf dem amerikanischen Kontinent entbrannte ein Krieg zwischen den Kolonisten und Soldaten aus dem englischen Mutterland. Ein ehemaliger preußischer Offizier, von Steuben, übernahm die Ausbildung der Kolonisten zu kriegstüchtigen Soldaten. Hinzu kam ein Bündnis der Kolonisten mit Frankreich. So kämpften unter dem Marquis Lafayette zahlreiche Franzosen gegen die Engländer. Die Engländer verloren schließlich den Krieg und mussten im Frieden von Paris 1783 die Unabhängigkeit der Vereinigten Staaten anerkennen.

1787 gaben sich die Vereinigten Staaten eine Verfassung,

die in ihren Grundzügen heute noch gilt. Erster Präsident wurde George Washington.

Durch die freiwilligen französischen Soldaten im amerikanischen Unabhängigkeitskrieg wurden die Gedanken der Demokratie von Amerika nach Europa und nach Frankreich getragen, wo die politischen, gesellschaftlichen und wirtschaftlichen Verhältnisse noch vom Absolutismus geprägt waren. Die begüterten und gebildeten Bürger sowie vor allem die Bauern mussten fast die gesamte Last der Steuern tragen, während Adel und Klerus davon befreit waren.

Französische Karikatur aus dem Jahre 1789.

Politischen Einfluss hatten die Steuerzahler aber nicht. Der König regierte unumschränkt. Sein Hofstaat und die von ihm geführten Kriege führten fast zum Staatsbankrott. Die Bürger Frankreichs empörten sich über die Vorrechte (Privilegien) des Adels und der Geistlichkeit. Auch die Bauern waren verbittert. Neue Steuern konnten aber nur mit Genehmigung der drei Stände (Adel, Geistlichkeit, Bürger und Bauern) eingeführt werden. Diese rief der König im Mai 1789 nach Versailles ein. Seit fast zwei Jahrhunderten hatten die Generalstände nicht mehr getagt. Daher herrschte im ganzen Land Aufregung, als die Wahl für ihre Versammlung durchgeführt wurde.

Die Vertreter des Dritten Standes (Bauern und Bürger) waren entschlossen, dem ganzen Land eine bessere Ordnung zu geben und nicht nur neue Steuern zu bewilligen. Daher erklärten sie sich zur Vertretung des ganzen Volkes. Als ersten Erfolg konnten sie eine Erhöhung ihrer Abgeordnetenzahl von 300 auf 600 verbuchen. Somit hatten sie genauso viele Vertreter wie Adel und Geistlichkeit mit je 300 Stimmen zusammen.

Als der König am 5. Mai 1789 die Versammlung der Generalstände eröffnete, entbrannte direkt ein heftiger Streit über die Art der Abstimmung. Die Vertreter des Dritten Standes forderten eine Abstimmung nach Köpfen (600 des Dritten, 600 des Adels und der Geistlichkeit) und nicht nach Ständen und erklärten sich als die wahren Vertreter des Volkes und bildeten deshalb allein die Nationalversammlung und erarbeiteten eine Verfassung. Auf eine bewaffnete Machtprobe wollte es der König nicht ankommen lassen und stimmte dem Verfassungsentwurf des Dritten Standes zu. Gleichzeitig aber ließ er Soldaten um Paris aufmarschieren. Im Volk entstanden große Unruhe und Angst. Gleichzeitig verschlechterten sich die Lebensbedingungen; der Brotpreis stieg. Der bei der Bevölkerung beliebte Finanzminister Necker wurde vom König entlassen. All dies führte zum Ausbruch der Revolution, dem Sturm auf die Bastille (Staatsgefängnis in Paris).

„... Der Gouverneur weigerte sich, die Festung zu übergeben, er habe jedoch die Kanonen zurückgezogen und die Zusicherung gegeben, dass er nicht schießen würde, falls er nicht angegriffen würde. Bis dahin war die Volksmenge, die aus der Rue Saint-Antoine in die Festung geströmt war, erst in den äußeren der beiden Höfe eingedrungen, von dem aus man zur großen Zugbrücke und zum Haupttor der Bastille kam. Der äußere Hof war, wie immer, unbewacht. Als der Gouverneur glaubte, es würde nun ein frontaler Angriff erfolgen, ließ er schießen. In dem nun folgenden Gefecht erlitten die Belagerer Verluste von 98 Toten und 73 Verwundeten: Von den Verteidigern wurde nur einer getroffen ...

Der Gouverneur wollte sich ergeben, unter der Bedingung, dass die Garnison verschont bliebe: doch die wütende Menge wollte von Bedingungen nichts wissen und die Belagerung wurde fortgesetzt. Nun scheint der Gouverneur den Kopf verloren zu haben: Er drohte, die Festung in die Luft zu sprengen. Seine Leute hielten ihn jedoch davon ab und in der Verzweiflung gab er Befehl, die Zugbrücke herabzulassen. So fiel die Bastille ... Die ‚Sieger der Bastille‘, wie sie schließlich genannt wurden, zählten 800 bis 900 Personen ...

Drei Fabrikanten sind in der Liste der ‚Sieger‘ angegeben, vier Kaufleute, der Brauer Santerre, drei Marineoffiziere ... Der Rest besteht aus Kleinhändlern, Handwerkern und Angestellten. Von diesen sind ungefähr zwei Drittel kleine Werkstatteigentümer, Handwerker und Gesellen aus ungefähr 30 kleinen Gewerben ... Eine Frau war darunter, eine Wäscherin ...“

(aus: G. Rudé: Die Massen in der Französischen Revolution, München, 1961, S. 74 ff.)

Noch heute feiern die Franzosen den Tag des Bastillesturms, den 14. Juli 1789, als ihren Nationalfeiertag.

Nach dem Sturm auf die Bastille erkannte der König die Nationalversammlung an. Er legte die rot-weiß-blaue Kokarde an, die Farben der Aufständischen. Damit erklärte er sich mit dem Geschehenen formal einverstanden.

Die Nationalversammlung hob daraufhin die Vorrechte der

Stände und alle Feudallasten (Abgaben an den Grund-
herrn) ohne Entschädigung auf.

In der Folgezeit wurde in Frankreich die Forderung nach
liberté, egalité und fraternité (Freiheit, Gleichheit, Brü-
derlichkeit) immer lauter. Die französische Nationalversammlung arbeitete auf Antrag von Lafayette nach ame-
rikanischem Vorbild eine Erklärung der Menschen- und
Bürgerrechte aus. Vor allem die Rechte auf Freiheit, Eigentum, Sicherheit und Widerstand gegen Unterdrückung
wurden hervorgehoben. Die neue Verfassung sollte nach
diesen Grundsätzen gestaltet werden.

Frankreich bekam eine neue Ordnung. Um die Schulden
des Landes zu bezahlen und die Wirtschaftskrise zu been-
den, wurde ein Sofortprogramm erlassen. Hierzu gehörte
unter anderem der Verkauf des Grundbesitzes der Kirche.
Später wurden die Klöster aufgelöst, die Schulen verstaat-
licht und die Zivilehe eingeführt. Die Priester mussten
einen Eid auf die neue Ordnung ablegen. Die Nationalversammlung hob die Zünfte auf und schaffte Zollschranken
ab. Streiks und Zusammenschlüsse von Arbeitern wurden
verboten.

Nach langen Beratungen wurde 1791 die neue Verfassung
erlassen. Obwohl sie nur kurze Zeit in Kraft blieb, wurde
sie zum Vorbild für alle späteren Verfassungen in Europa.

Frankreich wird Republik

In Frankreich blieb die Lage weiterhin gespannt. Der König genoss kein Vertrauen mehr in der Bevölkerung. In
verschiedenen Klubs schlossen sich Gleichgesinnte zusammen. Der führende Klub war der Klub der Jakobiner.
Sie kritisierten die Verfassung und den König.

Ludwig XVI. betrieb mit führenden Politikern der Nationalversammlung den Krieg gegen Österreich und Preußen in der Hoffnung, diese würden Frankreich besiegen und ihm den Thron retten, da die anderen europäischen Herrscher kein Interesse an einer Republik haben konnten. Ludwig XVI. wurde verhaftet und die Nationalversammlung beschloss Wahlen zu einem Nationalkonvent, der eine neue demokratisch-republikanische Verfassung ausarbeiten sollte. Dieser Konvent erklärte nach seinem ersten Zusammentreten die Abschaffung des Königtums. Frankreich war damit Republik. Ludwig XVI. wurde nun „Bürger Louis Capet" genannt.

Mit einer Stimme Mehrheit wurde er zum Tode verurteilt und am 21.1.1793 auf der Guillotine hingerichtet.

Die „Schreckensherrschaft"

Die Staatsgewalt lag nun in der Hand revolutionärer Konventsausschüsse. Maximilian Robespierre, einer der einflussreichsten Jakobiner, ließ allein in der Zeit zwischen dem 11.6. und 26.7.1794 insgesamt 1285 Menschen durch die Guillotine hinrichten, weil sie die falsche Gesinnung hatten. Die Konventsmitglieder fürchteten um ihr eigenes Leben und beschlossen die Verhaftung Robbespierres. Am nächsten Tag wurde er mit 21 seiner engsten Mitarbeiter hingerichtet. Der Jakobinerklub wurde geschlossen. Damit war die Herrschaft des Schreckens gebrochen.

3.2 Herrschaft Napoleons

Durch die neue Verfassung von 1795 wurde das Wahlrecht erneut an den Besitz gebunden und das Besitzbürgertum übernahm die Macht im Staat. Die Gewaltenteilung wurde wieder eingeführt und die Kirche vom Staat getrennt. Die Regierungsgewalt lag in den Händen eines fünfköpfigen „Direktoriums". Innen- und außenpolitische Probleme belasteten den Staat. So konnte das Direktorium innere Schwierigkeiten nur mit militärischer Hilfe beseitigen. Dadurch gewann der erfolgreichste Feldherr auch den größten politischen Einfluss. Dies war seit 1797 General Napoléon Bonaparte.

1799 entmachtete er das Direktorium und regierte von nun an diktatorisch. Er sicherte den Bürgern und Bauern ihr Eigentum zu und gestattete den geflohenen Adligen die Rückkehr. Er versöhnte sich mit der katholischen Kirche. Durch ein neues Gesetzbuch, den Code civile, gab er Frankreich eine teilweise moderne Rechtsordnung. Das Bürgerliche Gesetzbuch der Bundesrepublik Deutschland geht in weiten Bereichen auf den Code civile zurück.

Zahlreiche Forderungen der Revolution erfüllte der Code civile. Den Frauen allerdings wurde keine Gleichberechtigung zuerkannt.

1804 krönte sich Napoleon nach einer Volksabstimmung selbst zum Kaiser. Gleichzeitig wurde er auch König von Italien. 1805 besiegte Napoleon in der „Dreikaiserschlacht" bei Austerlitz in Mähren die englischen, österreichischen und russischen Truppen. Allerdings zerstörte die Niederlage der französischen Flotte bei Trafalger durch den englischen Admiral Nelson die Hoffnung Napoleons, England selbst angreifen und besiegen zu können.

Durch seinen Sieg auf dem innereuropäischen Festland bestimmte Napoleon auch die Neuordnung der deutschen Länder. In der Doppelschlacht bei Jena und Auerstedt im Jahre 1806 wurde das preußische Heer vernichtend geschlagen. Napoleon zog in Berlin ein. Kurze Zeit später schlugen die Franzosen auch die russischen Truppen. Napoleon und der russische Zar einigten sich im Frieden von Tilsit 1807 darauf, dass Preußen mehr als die Hälfte seines Besitzes verlieren und hohe Kriegsentschädigungen zahlen sollte.

Gegenüber England verfügte Napoleon eine so genannte „Kontinentalsperre". Danach war jede Einfuhr englischer Waren nach dem gesamten Festland verboten. Sowohl England als auch das Festland hatten hierunter schwer zu leiden.

1808 befand sich Napoleon auf dem Höhepunkt seiner Macht. Auf dem Fürstentag in Erfurt traf sich Napoleon mit dem russischen Zaren, um ihn stärker im Kampf gegen England zu binden. Zahlreiche deutsche Fürsten waren zu dem Kongress in Erfurt geladen.

Mit der Niederlage beim Russlandfeldzug 1812 wurde der Niedergang Napoleons eingeleitet. 1815 wurde er bei Waterloo endgültig geschlagen und starb 1821 in der Verbannung auf St. Helena im Atlantischen Ozean.

Im Wiener Kongress von 1815 wurden im Wesentlichen die Verhältnisse wieder hergestellt, die bereits vor der Französischen Revolution geherrscht hatten. Die alten Monarchien konnten sich noch einmal bis zum 1. Weltkrieg durchsetzen.

An die Stelle des alten deutschen Reiches trat ein loser Zusammenschluss der selbstständigen Einzelstaaten, der Deutsche Bund. Sein Organ war der Bundestag in Frankfurt. Doch war dies kein gewähltes Parlament, sondern ein Gesandtenkongress. Die Handlungsfähigkeit des Deutschen Bundes war davon abhängig, dass die beiden Großmächte Preußen und Österreich übereinstimmten. Der Deutsche Bund versuchte in den folgenden Jahrzehnten vor allem alle Bestrebungen niederzuhalten, die eine deutsche Einheit wollten. Zu diesem Zweck wurde die Presse scharf überwacht, es wurde Zensur geübt, Universitäten wurden überwacht; eine politische Betätigung war kaum möglich. Aufstände von Studenten wurden gewaltsam niedergeschlagen.

3.3 Die Revolution von 1848

Im März 1848 kam es jedoch in allen Bundesstaaten des Deutschen Bundes zu Volkserhebungen. Im Mai trat in der Frankfurter Paulskirche die Nationalversammlung zusammen. Sie war politisch stark zersplittert und reichte von den Konservativen bis zu den radikalen Demokraten. Die spätere Parteienlandschaft – wie wir sie auch heute kennen – zeichnete sich damals bereits ab. Im März 1849 wurde der Entwurf einer demokratischen Verfassung fertig gestellt. Sie sah eine Regierung vor, die dem Parlament (und nicht einem König oder Fürsten) verantwortlich war. Österreich wollte sein gesamtes Staatsgebiet in das künftige Reich einbringen. Da entschied man sich für die so genannte kleindeutsche Lösung (ohne Österreich). Die Nationalversammlung bot dem preußischen König Friedrich Wilhelm IV. die erbliche deutsche Kaiserkrone an. Dieser lehnte jedoch ab, weil er die Kaiserwürde nicht einer Revolution verdanken wollte. Damit war die Revolution letztlich gescheitert und damit auch die demokratische Verfassung.

Die meisten Errungenschaften wurden wieder rückgängig gemacht. 1850 wurde der Deutsche Bund wieder hergestellt. Allerdings diente die Verfassung von 1849 als Muster für spätere demokratische Verfassungen. So wurde manche ihrer Formulierungen im Grundrechtsteil des heutigen Grundgesetzes von 1949 wörtlich übernommen.

3.4 Industrielle Revolution, soziale Frage und Arbeiterbewegung

Die erste Phase der Industrialisierung in der Mitte des 18. Jahrhunderts begann in England mit der Mechanisierung der Textil-, Eisen- und Kohleproduktion. Sie wurden die Leit- und Wachstumssektoren (und stellen heute die Krisenbranchen dar): Mechanisierte Spinn- und Webverfahren verlangten Maschinen aus Eisen und Stahl. Kohle wurde unentbehrlich für die Produktion und den Betrieb dieser Maschinen. Sie musste das knapper werdende Holz

ersetzen. Erste Dampfmaschinen dienten zum Abpumpen des Grundwassers aus immer tieferen Kohlengruben.

Die Industrialisierung erreichte von England ausgehend entlang der großen Kohlenfelder von Belgien, Holland, Nordostfrankreich, der Ruhr und dem Saargebiet, Böhmen, Oberschlesien, am Don, dem Donaubecken, am Ural, bis Indien und Japan den Osten, in den USA den Westen. Sie setzte an historischen Wirtschaftszentren an, wie zum Beispiel Wallonien (im heutigen Belgien) und schuf neue wie das Ruhrgebiet. Grundstoffe für die Industrialisierung waren Kohle und Eisen. Zum ersten bedeutenden Wirtschaftszweig wurde die Textilindustrie. Dies ist auch in den heutigen Entwicklungsländern zu beobachten, in denen die Industrialisierung am Anfang steht.

Bedeutsam in der Entwicklung der Industrialisierung Europas war die Kontinentalsperre (Einfuhrverbot englischer Waren auf dem Festland zwischen 1806 und 1813). Zu dieser Zeit beschafften sich die betroffenen europäischen Länder als Ersatz vor allem westindische Produkte. So wurde Rohrzucker durch die Zuckerrübe ersetzt. Darüber hinaus wirkte die Kontinentalsperre für die junge Industrie auf dem Festland wie eine Art Schutzzoll. Nach dem Ende der Kontinentalsperre wurde der europäische Kontinent mit englischen Billigwaren überschwemmt, vor allem Textilien.

Vor allem zwei Entwicklungen sind für die Industrialisierung verantwortlich:

● **Erfindungen:**
1769 entwickelte James Watt die Dampfmaschine. Durch sie war man in der Lage, Handarbeiten von einer Maschine verrichten zu lassen. Sie führte auch zur Entwick-

lung moderner Fortbewegungsmittel wie das Dampfschiff und die Lokomotive. Das Transportwesen wurde hierdurch revolutioniert.

„Durch die rasche und billige Fortschaffung der Güter wird der Wohlstand eines Landes bedeutend vergrößert. Größere Vorteile als die bisherigen Verkehrsmittel (Kanäle, schiffbare Ströme und Straßen) scheinen Eisenbahnen zu bieten. Eine Maschine von acht Pferdekraft würde innerhalb 10 Stunden 1000 Zentner Kohlen von Duisburg nach Arnheim schaffen; die Lastkähne liegen allein acht Tage in Ladung. Die sämtlichen Ruhr-Zechen erhielten durch eine Eisenbahn den unschätzbaren Vorteil eines raschen und regelmäßigen Absatzes unter großen Frachteinsparungen."

(aus: Friedrich Harkort: Über Eisenbahnen. In: Treue/Pönicke/Mangegold: Quellen zur Geschichte der industriellen Revolution, Göttingen, 1966, S. 69)

Schmunzeln müssen wir heute über folgende Aussage über das Fahren mit der Eisenbahn:

„Die schnelle Bewegung muss bei den Reisenden unfehlbar eine Gehirnkrankheit erzeugen. Wollen aber dennoch Reisende dieser grässlichen Gefahr trotzen, so muss der Staat wenigstens die Zuschauer schützen. Es ist notwendig, die Bahnstelle auf beiden Seiten mit einem hohen Bretterzaun einzufassen."

(aus: Gutachten des Bayrischen Obermedizinalkollegiums 1838. Zitiert nach: Treue/Pönicke/Manegold: s.o., S. 84)

Die Fortentwicklung verschiedener Spinn- und Webmaschinen ermöglichten die Fertigung von Massenprodukten.

● **Landflucht vieler Menschen:**

Die Lebensbedingungen auf dem Land wurden immer schwieriger. Der Hof konnte kaum noch die gesamte Familie ernähren. Als in den Städten die ersten Industriebetriebe entstanden, wurden zahlreiche der dort neu geschaffenen Arbeitsplätze von ehemaligen Landarbeitern angenommen.

Die industrielle Entwicklung in Deutschland wurde durch 38 Zollgrenzen stark behindert. Da an jeder Grenze Zölle zu entrichten waren, verteuerten sich die Produkte erheblich. Fabrikanten und Händler forderten daher einen „großen Markt", aber erst 1834 fielen zwischen 18 deutschen Staaten die Zollschranken.

In der Zeit der beginnenden Industrialisierung lebten die Arbeiter in großer Not. Viele von ihnen waren aus den Dörfern in die Stadt gekommen (Landflucht) in der Hoffnung auf Arbeit und eine gesicherte Existenz in den neu errichteten Fabriken. Aber sie mussten unter oftmals menschenunwürdigen Bedingungen 14 und mehr Stunden am Tag für einen sehr geringen Lohn arbeiten, da sich der Arbeitslohn nach Angebot und Nachfrage richtete.

Allerdings waren die Unternehmer auch nicht immer in der Lage, höhere Löhne zu bezahlen, da sie die Preise für ihre Produkte wegen der großen Konkurrenz niedrig halten mussten und die Überschüsse in die Vergrößerung ihres Betriebes investierten.

Das Einkommen der Arbeiter bewegte sich am so genannten Existenzminimum: zu wenig zum Leben und zu viel zum Sterben. Oft verdiente ein Arbeiter weniger, als er zum Lebensunterhalt seiner Familie brauchte. Dann mussten Frau und Kinder mit Geld verdienen.

„Die Arbeit der Weiber löst vor allen Dingen die Familie

gänzlich auf; denn wenn die Frau den Tag über 12–13 Stunden in der Fabrik zubringt und der Mann ebendaselbst oder an einem anderen Orte arbeitet, was soll da aus den Kindern werden? Sie wachsen wild auf wie Unkraut ...

In vielen Fällen wird die Familie durch das Arbeiten der Frau nicht ganz aufgelöst, sondern auf den Kopf gestellt ... Die Frau ernährt die Familie, der Mann sitzt zu Hause, verwahrt die Kinder, kehrt die Stuben und kocht." (aus: Friedrich Engels, Die Lage der arbeitenden Klassen in England)

Nicht selten betrug die Arbeitszeit bis zu 15 und 16 und teilweise noch mehr Stunden. Arbeitsschutz- bzw. Unfallschutzvorschriften gab es nicht. Pausenzeiten waren meist nicht vorgesehen, sodass die Arbeiter an ihrem Arbeitsplatz essen mussten.

„Am häufigsten kommt es vor, dass ein einzelnes Glied von einem Finger abgequetscht wird ... Die gefährlichsten Stellen der Maschinen sind aber die Riemen (die die Kraft auf andere Maschinen übertragen. Anmerkung des Verfassers). Wer von diesen Riemen ergriffen wird, den reißt die treibende Kraft pfeilschnell mit sich herum, schlägt ihn oben gegen die Decke, dass selten ein Knochen am Körper ganz bleibt." (aus: Friedrich Engels, Die Lage der arbeitenden Klassen in England)

Es gab weder Rentenversicherung noch Arbeitslosenunterstützung. Zu den schlechten Arbeitsbedingungen kamen katastrophale Wohnverhältnisse. Eine Schulbildung für die Kinder gab es praktisch nicht.

Friedrich Engels, der gemeinsam mit Karl Marx die Lehre des Kommunismus entwickelte, beschrieb 1845 die Altstadt von Manchester:

„Wenn man sehen will, wie wenig Raum der Mensch zum

Bewegen, wie wenig Luft er zum Atmen im Notfall zu haben braucht, dann hat man nur hierher zu kommen. Alles was unseren Abscheu hier am heftigsten erregt, ist neueren Ursprungs, gehört der industriellen Epoche an." (aus: MEW (Marx-Engels-Werke), Bd. 2, Berlin, 1959, S. 284)

„Aber selbst für diese Wohnungen hatten viele ... nicht das Geld, vor allem nicht junge Arbeiter und Arbeiterinnen. Da die Arbeitenden beim Morgengrauen das Haus verließen und erst am Abend zurückkehrten, waren sie in erster Linie an einer Schlafmöglichkeit interessiert. Daraus entwickelte sich das ‚Schlafburschentum'. Die jungen Arbeiter und Arbeiterinnen konnten sich lediglich eine Schlafstelle in dem von der Familie des Vermieters meistens bereits voll genutzten Wohnraum leisten – eine Lagerstelle, nicht mehr, und auch diese nur für Stunden. Zahlreiche Vermieter vermieteten die Lagerstätte bei Nacht und auch bei Tag. Das Bett, oder besser das, was dafür ausgegeben wurde, wurde nicht kalt. Aber nicht nur Einzelstehende, auch Familien besaßen in der Regel nur einen Raum, der Koch-, Wohn- und Schlafraum war. In Berlin gab es ... 1895 genau 27471 Wohnungen mit einem Zimmer und sechs und mehr Bewohnern ..." (aus: E. Deuerlein, Gesellschaft im Maschinenzeitalter, Hamburg, 1970, S. 55/56)

Weit verbreitet war die Kinderarbeit. Die Arbeitszeit für Kinder betrug durchschnittlich 10 bis 15 Stunden. Häufig mussten die Kinder die Arbeiten verrichten, für die Erwachsene zu groß waren. Sie mussten in den engen Bergwerksschächten die Kohlenwagen schieben oder die Wettertüren zwischen den einzelnen Stollen öffnen und schließen. Sehr oft erkrankten die Kinder bei ihrer harten Arbeit in den zugigen Bergwerksstollen.

„Bleiche Gesichter, matte, entzündete Augen, aufgeschwollene Leiber, aufgedunsene Backen, geschwollene Lippen und Nasenflügel. Drüsenschwellungen am Halse, böse Hautausschläge und asthmatische Anfälle unterscheiden diese unglücklichen Geschöpfe, die früh dem Familienleben entfremdet wurden und ihre Jugendzeit in Kummer und Elend verbrachten, in gesundheitlicher Beziehung von Kindern derselben Volksklasse, welche nicht in Fabriken arbeiten." (aus: Bericht des Kultus- und Gesundheitsministers von Altenstein 1918)

Es ist nicht verwunderlich, dass die Kinder keine oder nur eine geringe Schulbildung erhielten. Die lange tägliche Arbeitszeit ließ einen Schulbesuch nicht zu. So konnten von 751 Arbeiter-Kindern nur 234 ein wenig rechnen, 351 ein wenig schreiben. 455 konnten lesen und nur 39 von 715 besaßen Religionskenntnisse. Im Jahre 1839 wurde in Preußen die Arbeit von Kindern unter zehn Jahren in einer Fabrik untersagt. 1853 wurde die Arbeit für Kinder unter zwölf Jahren durch die preußische Regierung verboten.

„Ein Kind unter zehn Jahren darf nicht in einer Fabrik arbeiten.

Jedes Arbeiter-Kind soll einen dreijährigen Schulbesuch nachweisen können.

Die Höchstarbeitszeit für Kinder beträgt zehn Stunden am Tage. Zwischen diesen zehn Stunden sollen zwei Freistunden liegen, in denen Bewegung in freier Luft gewährt werden soll." (aus: Regulativ der preußischen Regierung vom 9.3.1839)

Die soziale Frage

Die schlechten sozialen Verhältnisse, in denen sich die Arbeiter befanden, ihre Abhängigkeit von der Willkür der

Fabrikbesitzer, die fehlenden sozialen Absicherungen, die Ungleichheit des Besitzes, die Unpersönlichkeit der Fabrikarbeit: All dies wurde mit dem Begriff Arbeiterfrage oder soziale Frage gekennzeichnet.

Zu den zahlreichen Versuchen, die Situation der Arbeiter zu verbessern, gehörten auch die Vorschläge zur Veränderung der Sozial- und Wirtschaftsstruktur der kapitalistischen Verhältnisse von Marx und Engels.

3.5 Zeitalter des Imperialismus

Der Imperialismus (von lateinisch imperialis „die Staatsgewalt betreffend") hat das Ziel, die Bevölkerung eines fremden Landes auszubeuten, abhängig zu machen und zu beherrschen.

Durch die industrielle Revolution hatte sich der Welthandel von Europa aus weit verbreitet. Die Industrie brauchte neue Rohstoffquellen und Absatzmärkte. Diese gab es in den unterentwickelten Ländern der Erde. Unter den europäischen Großmächten setzte daher ein Wettlauf um den Besitz der noch „herrenlosen" Gebiete ein, deren dort lebenden Völkern die eigene kulturelle, religiöse und politische Vorstellung aufgezwungen werden sollte:

„Ich behaupte, dass wir das erste Volk der Welt sind und dass es umso besser für die menschliche Rasse ist, je mehr von der Welt wir bewohnen ... Da Gott offenkundig das englisch sprechende Volk zu seinem auserwählten Werkzeug formt, durch welches er einen Zustand der Gesellschaft hervorbringen will, der auf Gerechtigkeit, Freiheit und Frieden gegründet ist, muss er offensichtlich wünschen, dass ich tue, was ich kann, um jenem Volk so viel

Spielraum und Macht wie möglich zu geben." (Cecil Rhodes, 1853–1902: Er erwarb für England große Gebiete Afrikas.)

Für den französischen Außenminister G. Hanotaux bedeutete Imperialismus in den neunziger Jahren: „jenseits der Meere in Landstrichen, die gestern barbarisch waren, die Prinzipien einer Zivilisation zu verbreiten, deren sich zu rühmen eine der ältesten Nationen des Globus wohl das Recht besitzt."

„Jedes russische Volk, das lange leben will, glaubt und muss glauben, dass in ihm und nur in ihm allein das Heil der Welt ruhe, dass es nur dazu lebe, um an der Spitze der anderen Völker zu stehen, um sie alle in sich aufzunehmen." (F. Dostojewski [1821–1881], russischer Dichter)

„Wir können verlangen, dass uns der Preis zufalle, … und dieser Preis ist: einem Herrenvolk anzugehören, das seinen Anteil an der Welt sich selber nimmt und nicht von der Gnade und dem Wohlwollen eines anderen Volkes zu empfangen sucht. Deutschland wach auf!" („Alldeutscher Verband", 1890)

So wollten die führenden europäischen Mächte ihren Einfluss auf politischem, wirtschaftlichem und kulturellem Gebiet in allen Teilen der Welt geltend machen, wobei jedoch die wirtschaftlichen Interessen im Vordergrund standen.

Die europäischen Mächte bauten während des Zeitalters des Imperialismus ihre Kolonialreiche immer weiter aus. Die Politik hatte sich endgültig zur Weltpolitik entwickelt. Dies wurde unter anderem auch durch den Auftritt der USA und Japan auf der politischen Weltbühne deutlich.

Der Imperialismus vermehrte auch die Spannungen zwischen den imperialistischen Staaten. Der Wettlauf um die letzten „Kolonialgebiete" auf der Erde wurde mit immer härteren Mitteln geführt. Vor allem England und Deutschland lieferten sich einen erbitterten Wettlauf bei der Ausstattung ihrer militärischen Macht. Es ist verständlich, dass auch das gegenseitige Misstrauen durch dieses Wettrüsten immer mehr zunahm.

3.5.1 Der Erste Weltkrieg und die Weimarer Republik

Der Erste Weltkrieg von 1914 bis 1918 veränderte die Verhältnisse in Europa sowie der ganzen Welt in noch nie da gewesenem Ausmaß.
Als unmittelbare Folgen brachte der 1. Weltkrieg die beiden totalitären Weltanschauungen bzw. Staatssysteme Kommunismus und Faschismus hervor. Beide Systeme wirken bis in die Gegenwart hinein.
Die Kolonialreiche zerfielen nach und nach. Die industrielle Entwicklung in weiten Teilen der Welt beschleunigte sich immer stärker und wurde nur vorübergehend durch die Weltwirtschaftskrise 1929 unterbrochen.

Das Wettrüsten und der Kampf um die Vorherrschaft in der Welt hatten in Europa am Ende des 19. und am Beginn des 20. Jahrhunderts zu erheblichen Spannungen unter den Großmächten geführt.

Am 28. Juni 1914 wurden in Sarajevo der österreichische Thronfolger Franz Ferdinand und seine Frau von zwei Serben ermordet. Franz Ferdinand wollte den Slawen im österreichischen Staatsverband (Österreich-Ungarn) die völlige Gleichberechtigung mit den Deutschen und Ungarn zubilligen. Dies passte den Serben nicht, die selbst eine Großmacht auf dem Balkan aufbauen wollten.

In Europa wurde diese Tat missbilligt. Daraus schloss Österreich, hart mit den Serben abrechnen zu können. Auch die deutsche Regierung sicherte dem österreichischen Bündnispartner bei dessen raschem Vorgehen gegen Serbien eine entsprechende Unterstützung zu.

In der Anfangsphase des Krieges wollte Deutschland Frankreich rasch niederwerfen. Dies misslang allerdings und der Krieg erstarrte im Westen nach der deutschen Niederlage in der Marne-Schlacht bald in einem Stellungskrieg. In sinnlosen Materialschlachten gab es auf beiden Seiten hohe Verluste. Der Kaiser hatte die Führung des Krieges schon bald aus der Hand gegeben. Auch die schwachen Reichskanzler nahmen wenig Einfluss. Vielmehr lag die Führung des Krieges in der Hand der Obersten Heeresleitung mit Feldmarschall Paul von Hindenburg (späterer Reichspräsident) und General Erich Ludendorff.

1917 brachte der Kriegseintritt der Vereinigten Staaten die sich schon längst abzeichnende Entscheidung. Allerdings bestand Ludendorff noch im September 1918 in Verkennung der Lage auf einem so genannten „Siegfrieden".

Als sich die Matrosen weigerten, noch einmal mit ihren Schiffen auszulaufen und in einen sowieso schon verlorenen Krieg zu ziehen, war der 1. Weltkrieg beendet. Diese Novemberrevolution von 1918 bedeutete gleichzeitig das Ende der Monarchie in Deutschland.

Deutschland wurde 1919 Republik und mit der neuen Weimarer Verfassung Demokratie. In dieser Verfassung waren die Menschenrechte und das Frauenwahlrecht ebenso garantiert wie die Gewaltenteilung und die Gestaltung des demokratischen Regierungssystems.

Friedrich Ebert (1871–1925)

Erster Reichspräsident wurde der Sozialdemokrat Friedrich Ebert. Der Reichspräsident, der vom Volk gewählt wurde, war mit großer Macht ausgestattet. Er konnte in gewissen Fällen das Parlament auflösen und durch ein so genanntes Notverordnungsrecht Rechtsbestimmungen schaffen. Die Sozialdemokraten, die zur stärksten politischen Kraft wurden, setzten einige ihrer Hauptforderungen sofort um: Neben der Einführung des Frauenwahlrechts wurde auch das ungleiche Klassenwahlrecht abgeschafft. Sie führten den Achtstunden-Arbeitstag gesetzlich ein. Die Gewerkschaften wurden als gleichberechtigte Tarifpartner der Unternehmer anerkannt.

Im Versailler Vertrag vom 28.6.1919 (trat am 10.1.1920 in Kraft) wurde Deutschlands Kriegsschuld festgestellt: Es durfte nur noch ein 100 000-Mann-Heer führen und keine schweren Waffen mehr besitzen; neben Gebietsabtretungen waren hohe Reparationszahlungen zu leisten. Vor allem wurde Deutschland die alleinige Kriegsschuld angelastet.

Am Frieden interessierte Politiker erreichten in Verhandlungen eine deutliche Verbesserung der Vertragsbeschlüsse, aber zahlreiche Politiker in Deutschland und große Teile der Bevölkerung und der Industrie brandmarkten den Vertrag als Schande für Deutschland und forderten seine Nichterfüllung. Allen voran die nationalsozialistische Bewegung Adolf Hitlers.

*Paul v. Hindenburg
(1847–1934)*

In der Zeit von 1923 bis 1929 führte die Weimarer Republik zu einem wirtschaftlichen Aufschwung und zu politischer Stabilität. Durch den Locarno-Vertrag und den Beitritt zum Völkerbund erreichte sie die politische Gleichberechtigung Deutschlands. In den „goldenen Zwanzigerjahren" erreichten die Wissenschaften und die Kunst eine kurze, intensive Blütezeit.

Nach dem Tod des ersten Reichspräsidenten Friedrich Ebert wurde der ehemalige Feldmarschall Paul von Hindenburg 1925 zum Staatsoberhaupt gewählt.

Mit der Weltwirtschaftskrise von 1929 begann der Niedergang der Weimarer Republik. Rechte und linke Systemgegner bekämpften sich gegenseitig und nutzten die Arbeitslosigkeit in Deutschland und die damit verbundene Not für ihre Zwecke. 1932 wurde die rechtsextreme Partei Adolf Hitlers, die NSDAP (Nationalsozialistische Deutsche Arbeiterpartei), stärks-

*Adolf Hitler
(1889–1945)*

47

te Partei in Deutschland. Am 10. Januar 1933 ernannte
Reichspräsident von Hindenburg Adolf Hitler zum Reichskanzler.

3.6 Nationalsozialistische Herrschaft
(1933–1945)

Die totalitäre Politik der Nationalsozialisten stellt ein bisher einma-
liges Beispiel staatlicher Terror-
und Willkürherrschaft in der Geschichte der Menschheit dar. Noch
nie zuvor waren Menschen mit
einer derart planvollen und büro-
kratisch genauen Überwachungs-
und Unterdrückungsmaschinerie
verfolgt und ausgerottet worden.
Den Höhepunkt des nationalsozialistischen Terrors stellte
die Vernichtung von 6 Millionen europäischen Juden dar.

Die nationalsozialistische Weltanschauung

Die Weltanschauung der Nationalsozialisten war ein dum-
pfes Gemisch unterschiedlicher Gedanken, Vorstellungen und furchtbarer Absichten mit folgenden Schwer-
punkten:

a) **Der nationalsozialistische Rassegedanke:**
   Hervorheben der eigenen Rasse („Herrenmenschen");
   Diskriminierung, Verfolgung und Vernichtung frem-

der Rassen („Untermenschen"), z. B. Juden, Sinti und Roma …

b) **Das Führerprinzip:**
   Der Diktator („Führer") Hitler herrschte absolut. Er ließ den Staat mit Unterführern bis in die Familie hinein durchorganisieren.

c) **Die Lebensraumschaffung im Osten:**
   Ausdehnung des eigenen Machtbereichs, vor allem in Richtung Osteuropa mit dem Endziel der Weltherrschaft.

Biografie Hitlers

Adolf Hitler wurde am 20. 4. 1889 in Braunau am Inn (Österreich) geboren. Sein Wunsch war es, Kunstmaler zu werden. Er fiel in Wien aber zweimal durch die Aufnahmeprüfung für die Akademie der Bildenden Künste. Vorübergehend landete er im Winter 1909/10 in einem Obdachlosenasyl, wenige Zeit später in einem Männerheim. Er verdiente etwas Geld durch den Verkauf selbst gemalter Postkarten und Aquarelle. Hitler machte immer andere für sein Versagen verantwortlich. Während dieser Zeit lernte er auch die Ideen des Antisemiten und Rassenmythologen Lanz von Liebenfels kennen. Bei Hitler prägten sich dessen Vorstellungen von der blonden Herrenrasse einerseits und den rassisch minderwertigen Nichtariern und deren Dezimierung durch Zwangsarbeit, Deportation, Sterilisation und Liquidation tief ein. In dieser Zeit bildeten sich bei Hitler die Grundsätze heraus, die später die nationalsozialistische Weltanschauung bestimmen sollten: übersteigerter Nationalismus, Glauben an die absolute Überlegenheit der „germanischen Rasse", Antisemitismus, Hass gegen Kommunisten und Sozialdemokraten sowie seine antidemokratische Einstellung.

Hitler siedelte 1913 nach München über und trat am 3. August 1914 als Freiwilliger in ein bayerisches Infanterieregiment ein und war im Ersten Weltkrieg als Meldegänger an der Westfront eingesetzt.

1919 begann er seine politische Karriere mit dem Eintritt in die Deutsche Arbeiterpartei (DAP), die er wenig später zur Nationalsozialistischen Deutschen Arbeiterpartei (NSDAP) umbildete. 1921 war er der Führer dieser Partei. Am 8.11.1923 führte er in München einen Staatsstreich gegen die bayerische Regierung durch. Dieser „Hitler-Putsch" scheiterte. Adolf Hitler wurde verhaftet. Ihm wurde der Prozess gemacht. Er wurde zu fünf Jahren Festungshaft verurteilt, wovon er nur knapp neun Monate absitzen musste. Während dieser Zeit diktierte er seinem Sekretär Rudolf Hess sein Buch „Mein Kampf".

Die Weltwirtschaftskrise 1929 ermöglichte Hitler und der NSDAP den Durchbruch in Deutschland. Unterstützt von weiten Kreisen der Großindustrie und begünstigt durch die schlechte Wirtschaftslage (über sechs Millionen Arbeitslose am Ende des Jahres 1932) wurde er vom Reichspräsidenten von Hindenburg am 30. Januar 1933 zum Reichskanzler ernannt. Hitler kam auf diesem Weg legal an die Macht.

Im August 1934 übernahm Hitler nach dem Tode von Hindenburgs auch das Amt des Reichspräsidenten. 1938 war Hitler nach dem Anschluss Österreichs auf dem Höhepunkt seiner Macht. Am 1.9.1939 begann er mit dem Angriff auf Polen den 2. Weltkrieg. Hitler beging am 30.4.1945 Selbstmord. Deutschland war der Verlierer des Krieges und kapitulierte am 8.5.1945 bedingungslos.

Die Gleichschaltungspolitik

Als in der Nacht vom 27. auf den 28. Februar 1933 das Reichstagsgebäude in Berlin brannte, schoben die Nazis den Brandanschlag den Kommunisten in die Schuhe und erließen im Rahmen des Notverordnungsrechts eine Notverordnung zum Schutz von Volk und Staat. Dadurch bekam Hitler die legalen Machtmittel in die Hand, seine Gegner zu verfolgen. Gegen die Stimmen der SPD wurde danach am 24. 3. 1933 das so genannte Ermächtigungsgesetz erlassen. Damit besaß Hitler als Chef der Regierung nicht nur die oberste ausführende, sondern auch die gesetzgebende Macht im damaligen Deutschland.

In der Folgezeit verbot Hitler die Neugründung von Parteien; nur noch die NSDAP (Nationalsozialistische Deutsche Arbeiter Partei) war zugelassen. Alle Lebensbereiche in Deutschland wurden vom Nationalsozialismus durchdrungen = Gleichschaltung.

Die bisher bestehenden Gewerkschaften wurden durch die nationalsozialistische Einheitsgewerkschaft ersetzt, die DAF (Deutsche Arbeits Front).

Die Reichskulturkammer bestimmte das Kulturleben. Bücher von andersdenkenden Schriftstellern wurden verboten und öffentlich verbrannt. Kunstwerke, die nicht in das Konzept der Nazis passten, wurden als „entartete Kunst" verboten. Viele angesehene Künstler verließen Deutschland und gingen ins Exil.

Die Hitler-Jugend wurde Ende 1936 durch Gesetz Pflichtverband. In den Schulen stand die Leibesertüchtigung im Vordergrund, gefolgt von „weltanschaulichen" Fächern wie „Deutschkunde" und Biologie. „Diese Jugend, die lernt ja nichts anderes als deutsch denken, deutsch handeln. Sie kommt vom Jungvolk in die Hitler-Jugend und dort behalten wir sie wieder vier Jahre und dann geben wir sie erst recht nicht zurück in die Hände unserer alten Klassen- und Standeserzeuger, sondern dann nehmen wir sie sofort in die Partei oder in die Arbeitsfront, in die SA oder in die SS. Und wenn sie dort noch nicht ganz Nationalsozialisten geworden sein sollten, dann kommen sie in den Arbeitsdienst und werden dort wieder sechs und sieben Monate geschliffen. Und was dann nach sechs oder sieben Monaten noch an Klassenbewusstsein oder Standesdünkel da oder da noch vorhanden sein sollte, das übernimmt die Wehrmacht. Und sie werden nicht mehr frei, ihr ganzes Leben." (Adolf Hitler: Rede in Reichenberg am 2.12.1938)

Die Judenverfolgung
Das dunkelste Kapitel der nationalsozialistischen Herrschaft und der deutschen Geschichte überhaupt war die Verfolgung und Ausrottung der Juden. Bereits im April 1933 begannen mit dem Boykott gegen jüdische Geschäfte, Ärzte und Rechtsanwälte die Maßnahmen gegen die Juden. 1935 wurden die so genannten „Nürnberger Gesetze" erlassen. Sie verboten die Eheschließung und außereheliche Beziehungen zwischen Juden und „Staatsangehörigen deutschen oder artverwandten Blutes". Die vollen politischen Rechte standen nur den Inhabern des „Reichsbürgerrechts" zu. Die Juden z. B. besaßen diese Rechte nicht mehr. Neben der Einführung des Judensterns (gelber Stern) wurde den männlichen Juden der Name Israel und den weiblichen Juden der Name Sarah in den Ausweis geschrieben, um sie schneller als Juden identifizieren zu können.
In der Nacht vom 9. zum 10. November 1938 wurden jüdi-

sche Geschäfte und Synagogen zerstört, zahlreiche Juden verhaftet, knapp einhundert ermordet. Diese Ereignisse werden als Reichspogromnacht (auch als „Reichskristallnacht" bekannt) bezeichnet. Am 20. Januar 1942 fand in Berlin-Wannsee eine Konferenz von führenden Nazis statt, bei der die so genannte Endlösung der Judenfrage beschlossen wurde. Daraufhin wurden Hunderttausende Juden in den Vernichtungslagern (z. B. Auschwitz) getötet (meist vergast) und verbrannt. Mehr als sechs Millionen wurden von den Nationalsozialisten umgebracht.

Zweiter Weltkrieg
Seit ihrer Machtübernahme hatten die Nationalsozialisten auf eine Ausdehnung des eigenen Staatsgebietes hingearbeitet: Seit 1934 wurde aufgerüstet, die allgemeine Wehrpflicht wurde 1935 eingeführt. Im gleichen Jahr fand die Rückgliederung des Saargebietes statt. 1936 erfolgte

der Einmarsch in das entmilitarisierte Rheinland. Deutschland unterstützte den faschistischen Franco im Spanischen Bürgerkrieg. 1938 erfolgte der Einmarsch deutscher Truppen in Österreich. Beide Länder wurden miteinander vereinigt (Anschluss Österreichs).

Mit der Errichtung des Protektorats Böhmen und Mähren nach dem deutschen Einmarsch in Prag im März 1939 sahen Großbritannien und Frankreich als Großmächte ihre Interessen durch die deutsche Ausdehnungspolitik gefährdet. Mit dem Angriff deutscher Truppen am 1. September 1939 auf Polen wurde der 2. Weltkrieg ausgelöst.

Wenige Tage später erklärten Großbritannien und Frankreich Deutschland den Krieg. Polen wurde in einem Blitzkrieg in drei Wochen niedergeworfen. In der Folgezeit besetzten deutsche Truppen Dänemark und Norwegen, im Westen wurden die Benelux-Staaten sowie Frankreich bezwungen. 1940 sicherten sich die Staaten Deutschland, Italien und Japan (so genannte „Achsenmächte") gegenseitige Unterstützung gegen einen Angriff der USA zu.

Trotz des Nicht-Angriffspaktes vom August 1939 mit der Sowjetunion fiel die deutsche Wehrmacht am 22. Juni 1941 in die Sowjetunion ein und drang bis Dezember 1941 bis kurz vor Moskau. Mit der Niederlage der Deutschen in Stalingrad im Januar 1943 wurde die Wende des Krieges eingeleitet.

Hitler hatte sich am 30. 4. 1945 durch Selbstmord der Verantwortung entzogen. Am 8. Mai 1945 kapitulierte Deutschland bedingungslos. Der 2. Weltkrieg war damit in Europa zu Ende.

Mit den amerikanischen Atombombenabwürfen über den japanischen Städten Hiroshima und Nagasaki im August 1945 wurde am 2. September durch die Kapitulation Japans der 2. Weltkrieg beendet.

Von insgesamt rund 110 Millionen Soldaten fielen 27 Millionen. 25 Millionen Zivilpersonen starben. Drei Millionen blieben vermisst. Die größten Verluste verzeichnete mit 20 Millionen Menschen die Sowjetunion. 4,8 Millionen Deutsche (ohne Juden) verloren das Leben; weitere 2,5 Mill. durch Flucht, Vertreibung und Verschleppung als unmittelbare Folgen des Krieges.

Widerstand

Verschiedene Gruppen, Organisationen, aber auch Einzelpersonen leisteten Widerstand gegen Hitler und die nationalsozialistische Herrschaft: Mitglieder der Arbeiterparteien (z. B. der SPD), der Gewerkschaften oder der kommunistischen „Rote Kapelle"; die evangelische „Bekennende Kirche", zu deren führenden Mitgliedern der Berliner Theologe Bonhoeffer gehörte; die „Weiße Rose", eine Gruppe von Studenten und Hochschullehrern, die Flugblätter verteilte, in denen sie sich gegen die Nationalsozialisten und den Krieg richteten. Nach den Misserfolgen im Krieg gab es auch bei einigen führenden Angehörigen der Wehrmacht Widerstand, doch scheiterte das Attentat auf Hitler am 20. Juli 1944, das von dem Generalstabsoffizier Graf von Stauffenberg ausgeführt worden war.

3.7 Nachkriegszeit

Unmittelbar nach Beendigung des 2. Weltkrieges wurde das besiegte Deutschland in vier Besatzungszonen aufgeteilt. In jeder der vier Besatzungszonen übernahm eine alliierte Macht das Kommando. Schon bald machte sich der weltanschauliche Gegensatz zwischen den Besatzungsmächten im Westen (Großbritannien, USA und Frankreich) und der sowjetisch besetzten Zone im Osten bemerkbar. Die ehemalige Hauptstadt Berlin gehörte zu keiner der vier Zonen. Sie wurde von den vier Siegermächten gemeinsam verwaltet; jede von ihnen besetzte einen Sektor (britischer, amerikanischer, französischer und sowjetischer Sektor).

Ende Juli/Anfang August 1945 wurde das „Potsdamer Abkommen" unterzeichnet. Es enthielt folgende Grundsätze: völlige Abrüstung und Entmilitarisierung, Vernichtung des Kriegspotentials, Beseitigung des Nationalsozialismus, Dezentralisierung der Wirtschaft und Demokratisierung des politischen Lebens. Die Regierung wurde von dem Alliierten Kontrollrat ausgeübt, der aus Vertretern der vier Siegermächte bestand.

Während sich die Westmächte über die Grundzüge einig waren (parlamentarische Demokratie, Rechtssicherheit, bürgerliche Freiheiten, Menschenrechte, Privateigentum und Privatwirtschaft), bestand die Sowjetunion auf einer Demokratisierung auf sozialistischer Grundlage: Der Staat – und damit die ihn beherrschende kommunistische Partei – üben die uneingeschränkte Macht aus und besitzen auch die Produktionsmittel (Fabriken).

Aufgrund des weltweit immer deutlicher werdenden Ost-West-Gegensatzes, der sich zum „Kalten Krieg" entwickelte, fand die Zusammenarbeit der vier Mächte in Deutschland um die Jahreswende 1947/48 ihr Ende. Im März 1948 verließ die Sowjetunion den Alliierten Kontrollrat in

Nicht nur Deutschland, auch Österreich von 1945 bis 1949 in verschiedene Besatzungszonen eingeteilt.

Berlin. Die Situation spitzte sich zu, als die Sowjetunion 1948/49 versuchte, den westlichen Teil Berlins durch eine Blockade in ihren Machtbereich zu bringen. Allerdings scheiterte dieser Versuch am Widerstand des Westens („Luftbrücke").

In den folgenden Jahren vollzog sich die Entwicklung des politischen Lebens in den westlichen Besatzungszonen von unten nach oben. Politische Parteien wurden anfangs nur auf örtlicher Ebene, nach Bildung der Länder auch auf Landesebene zugelassen. 1946/47 fanden in allen Ländern Landtagswahlen statt. 1947 schlossen sich die britische und die amerikanische Zone in wirtschaftlicher Hinsicht zur Bi-Zone zusammen. Dies war die Keimzelle der späteren Bundesrepublik Deutschland. Später wurde die Bi-Zone durch die Ergänzung der französischen Besatzungszone zur Tri-Zone.

3.8 Geschichte der Bundesrepublik Deutschland

Im Frühsommer 1948 gründeten die Westmächte die Bundesrepublik Deutschland. Aus Vertretern der Länderparlamente wurde der Parlamentarische Rat gebildet, der die Verfassung für den neuen deutschen Staat ausarbeitete. Präsident wurde der spätere erste Bundeskanzler, der frühere Kölner Oberbürgermeister Konrad Adenauer. Am 8.5.1949, genau vier Jahre nach der Kapitulation Deutschlands, wurde das Grundgesetz vom Parlamentarischen Rat mit 53

Konrad Adenauer
(1876–1967)

Ja-Stimmen gegen 12 Nein-Stimmen angenommen. Am 24.5.1949 trat das Grundgesetz in Kraft. Zentrales Ziel des Grundgesetzes war die Wiederherstellung der staatlichen Einheit Deutschlands.

Neben den Grundrechten im 1. Teil des Grundgesetzes sind darin auch die Zuständigkeiten von Bund und Ländern geregelt und die Aufgaben der einzelnen Bundesorgane: Bundestag, Bundesrat, Bundespräsident, Bundesregierung, die Gesetzgebung des Bundes, die Ausführung der Bundesgesetze, die Rechtsprechung, das Finanzwesen und der Verteidigungsfall.

Bei der ersten Wahl des Parlaments der Bundesrepublik Deutschland am 14.8.1949 wurde die CDU stärkste Partei knapp vor der SPD. Konrad Adenauer (CDU) wurde am 15.9.1949 zum ersten Bundeskanzler gewählt. Erster

Bundespräsident wurde der damalige FDP-Politiker Theodor Heuss, der zu Beginn des Dritten Reiches als Abgeordneter des damaligen Reichstags noch für das Ermächtigungsgesetz Hitlers gestimmt hatte.

Als Reaktion auf die Gründung der Bundesrepublik wurde am 7.10.1949 die Deutsche Demokratische Republik (DDR) gegründet.

*Theodor Heuss
(1884–1963)*

So gab es zwei deutsche Staaten: die Bundesrepublik Deutschland als Demokratie mit einer sozialen Marktwirtschaft, die Deutsche Demokratische Republik als Parteidiktatur mit einer zentralistischen Planwirtschaft.

Die Bundesrepublik Deutschland trat 1954 dem westlichen Verteidigungsbündnis (NATO) bei und auf europäischer

Ebene der westeuropäischen Kohle- und Stahl-Gemeinschaft.

Das so genannte „Wirtschaftswunder" in den fünfziger und sechziger Jahren verdankte Deutschland zum einen der Wirtschaftshilfe durch die USA („Marshallplan"), zum andern dem Umstand, dass durch die weitgehende Zerstörung aller Strukturen neu und modern aufgebaut werden konnte (Bauboom und Autoboom – der Volkswagen als Symbol für den Wohlstand breiter Schichten der Bundesrepublik). Das vom Wirtschaftsminister Ludwig Erhard initiierte System der sozialen Marktwirtschaft förderte die privaten Wirtschaftsinitiativen bei gleichzeitiger Absicherung der sozial Schwachen.

Hier die wichtigsten Stationen:

18. 4. 1951: Der Vertrag über die Europäische Gemeinschaft für Kohle und Stahl (Montanunion).

5. 5. 1951: Die Bundesrepublik wird Mitglied des Europarates.

19. 7. 1952: Das Betriebsverfassungsgesetz wird verabschiedet. In Betrieben mit mindestens fünf Beschäftigten sind Betriebsräte zu wählen.

25. 12. 1952: Die erste Fernsehsendung (Weihnachten). Am nächsten Tag wird die erste „Tagesschau" gesendet.

17. 6. 1953: Aufstand von Arbeitern in Ostberlin. Er wird mit Waffengewalt niedergeschlagen. Der 17. Juni wird Nationalfeiertag („Tag der deutschen Einheit") in der Bundesrepublik (1954 – nach einem Gesetz vom 1. 7. 1953 bis 1990, danach wird es der 3. Oktober (Wieder-

vereinigung durch Beitritt der DDR zur Bundesrepublik am 3. 10. 1990)).

4. 7. 1954: Die BRD wird Fußballweltmeister.

23. 10. 1954: Unterzeichnung der Pariser Verträge. Sie regeln die Beziehungen der westlichen Staaten einschließlich der Bundesrepublik neu.

5. 5. 1955: Die Bundesrepublik wird teilweise souverän. Das Besatzungsstatut erlischt.

8. 10. 1955: Die letzten Kriegsgefangenen (rund 10 000) kehren aus der Sowjetunion zurück.

7. 7. 1956: Der Bundestag beschließt die Einführung der allgemeinen Wehrpflicht.

1. 1. 1957: Die dynamische bruttolohnbezogene Rente wird eingeführt.

25. 3. 1957: Die Römischen Verträge werden unterzeichnet: Europäische Wirtschaftsgemeinschaft (EWG) und Europäische Atomgemeinschaft (Euratom). Sie bilden die Grundlage der wirtschaftlichen und politischen Integration Westeuropas.

1. 7. 1957: Das Gesetz über die Gleichberechtigung von Mann und Frau auf dem Gebiet des bürgerlichen Rechts tritt in Kraft.

25. 3. 1958: Der Bundestag spricht sich mehrheitlich (gegen die Stimmen der SPD) für eine atomare Bewaffnung durch die Alliierten aus.

13. 8. 1961: Errichtung der Berliner Mauer durch die DDR.

22. 1. 1963: Unterzeichnung des deutsch-französischen Freundschaftsvertrages.

1. 12. 1966: Große Koalition zwischen CDU/CSU und SPD.

21. 10. 1969: Willy Brandt (SPD) wird neuer Bundeskanzler einer SPD-FDP-Koalition.

12. 8. 1970: Deutsch-sowjetischer Vertrag über Gewaltverzicht und Zusammenarbeit.

7. 12. 1970: Warschauer Vertrag zwischen der Bundesrepublik und Polen. Beide Staaten stellen die Unverletzlichkeit der bestehenden Grenzlinie an Oder und Neiße fest.

Willy Brandt (1913–1992)

20. 10. 1971: Bundeskanzler Willy Brandt (SPD) erhält den Friedensnobelpreis.

17. 12. 1971: Transitabkommen zwischen der Bundesrepublik und der DDR. Es regelt den Personen- und Güterverkehr zwischen den beiden deutschen Staaten.

21. 12. 1972: Grundlagenvertrag zwischen der BRD und der DDR. Beide deutschen Staaten wollen auf der Grundlage der Gleichberechtigung ihr Verhältnis zueinander gutnachbarlich gestalten.

18. 9. 1973: BRD und DDR werden in die Vereinten Nationen (UN) aufgenommen.

22. 3. 1974: Das Volljährigkeitsalter wird von 21 auf 18 herabgesetzt.

6. 5. 1974: Bundeskanzler Brandt

*Helmut Schmidt (*1918)*

61

tritt zurück. Nachfolger wird der Sozialdemokrat Helmut Schmidt (16.5.1974).

18.10.1977: Die Sondereinheit GSG 9 des Bundesgrenzschutzes befreit die Geiseln in der Lufthansa-Maschine in Mogadischu. Die Terroristen Baader, Raspe und Ensslin begehen Selbstmord. Einen Tag später wird der entführte Arbeitgeberpräsident Schleyer im Kofferraum eines Autos ermordet aufgefunden.

14.12.1979: NATO-Doppelbeschluss: Stationierung atomarer Mittelstreckenraketen in Europa und gleichzeitig neue Verhandlungen über Rüstungskontrollen mit der Sowjetunion.

12./13.1.'80: Gründungskongress der Grünen in Karlsruhe.

1.10.1982: Bundeskanzler Schmidt wird durch ein konstruktives Misstrauensvotum gestürzt. Gleichzeitig wird Helmut Kohl (CDU) mit den Stimmen der CDU/CSU und der FDP zum neuen Bundeskanzler gewählt und hat dieses Amt bis zum 27.9.1998 inne.

26.4.1986: Reaktorunfall in Tschernobyl (UdSSR): Auch in Deutschland werden Maßnahmen zum Schutz vor dem radioaktiven Niederschlag ergriffen.

9.11.1989: Öffnung der Mauer in Berlin.

3.10.1990: Der am 23.8.1990 beschlossene Beitritt der DDR zum Geltungsbe-

Helmut Kohl
(*1930)

reich des Grundgesetzes wird wirksam. Damit ist die Wiedervereinigung der beiden deutschen Staaten Wirklichkeit geworden. Der 3. Oktober wird zum neuen Nationalfeiertag der Deutschen.

14. 7. 1998: Das Bundesverfassungsgericht entscheidet, dass die Rechtschreibreform (Vertrag zwischen Deutschland, Österreich, Schweiz und weiteren sechs europäischen Staaten vom 1.7.1996) verfassungsgemäß zum 1. 8. 1998 in Kraft tritt.

27. 9. 1998: Zum ersten Mal in der Geschichte der Bundesrepublik und nach der Wiedervereinigung wird eine Regierung (CDU/ FDP unter Kanzler Kohl) durch Wahlen (und nicht durch Machtwechsel aufgrund von neuen Koalitionen) abgelöst: Gerhard Schröder (SPD) wird Bundeskanzler.

*Gerhard Schröder (*1944)*

1. 1. 1999: Start der Wirtschafts- und Währungsunion in der Europäischen Union: Festlegung der Umrechnungskurse der teilnehmenden Währungen untereinander und zum Euro (Euro als unbares Zahlungsmittel).

23. 3. 1999: Beginn der Bombenabwürfe („Luftschläge") der NATO-Truppen auf Jugoslawien: Kosovo-Konflikt. Die deutsche Regierung stimmt den Militäreinsätzen zu und beteiligt sich an ihnen.

Urzeit (Vorzeit)		Ägypten
2 Mio. v. Chr.	**10 000 v. Chr.–** **5000 v. Chr.**	**3000 v. Chr.**
Altsteinzeit	Jungsteinzeit	Brozezeit/Eisenzeit
Erste Menschen	Erster Getreideanbau	Erste Metallverarbeitung
600 000 v. Chr. erster	und erste Viehzucht	Ägyptischen Geschichte
Menschenfund in	Erste bäuerliche	Staatsgründung
Deutschland; Menschen	Siedlungen	1900 v. Chr. wird
lebten als Jäger und		Ägypten Großmacht
Sammler		

Griechische Stadtstaaten/Römisches Reich	Römer und Germanen
500 v. Chr.	**400 n. Chr.**
776 v. Chr. erste überlieferte	375 n. Chr. Hunnern-Einfall
Olympische Spiele	in Europa
443–429 v. Chr.	395 n. Chr. Teilung des
Blütezeit Athens	Römischen Reiches
753 v. Chr. Gründung Roms	476 n. Chr. Ende des
(Sage)	Weströmischen Reiches
um 250 v. Chr. stärkste Weltmacht	

Völkerwanderung	Mittelalter
3.–6. Jh. n. Chr.	**500 n. Chr.**

768 Karl der Große wird Frankenkönig
800 Kaiserkrönung Karls d. Großen
1077–1122 Investiturstreit zwischen Kaiser und Papst
1100–1250 Blütezeit des Rittertums
1150–1350 Zeit der Stadtgründungen

Neuzeit	**Neueste Zeit**
1500 n. Chr.	**ab 1789 n. Chr.**
um 1450 Erfindung des Buchdrucks	1789 Franz. Revolution
1492 Kolumbus (wieder)	1799 Napoleon übernimmt
entdeckt Amerika	Herrschaft
1519–1592 Erste Weltumseglung	1815 Wiener Kongress
1483–1546 Martin Luther	1815–1866 Deutscher Bund
(Reformation)	ab ca. 1830 Industrialisierung
1618–1648 Dreißigjähriger Krieg	ab ca. 1870 Imperialismus
	1871 Gründung des deutschen Reiches
	(Bismarck)
	ab 1900 Wettrüsten der europäischen
	Staaten
	1914–1918 1. Weltkrieg

Weimarer Republik	**Nationalsozialismus**
1918–1933	**1933–1945**
1919 Versalier Vertrag	1933 Machtergreifung Hitlers
1919 Demokratische Weimarer	1938 Reichspogromnacht
Verfassung	1939 Ausbruch des 2. Weltkrieges
1923–1929 Blütezeit	1945 Ende des 2. Weltkriegs, bedin-
1929 Weltwirtschaftskrise	gungslose Kapitulation Deutschlands

Nachkriegszeit	**Gegenwart**
1945–1949	**1949–heute**
Besatzungszeit	1949 Gründung der BRD und der DDR
Teilung Deutschlands	1955 Souveränität der BRD
	1989 Fall der Mauer
	1990 Wiedervereinigung

4.0 Geschichte meiner Familie

Wie sieht es eigentlich in der Geschichte der eigenen Familie aus? Wie lebten und arbeiteten die Großeltern, als Hitler an die Macht kam? Warum haben die Urgroßeltern 1914 geheiratet, unmittelbar nach dem Ausbruch des 1. Weltkriegs? Was ist mit den Verwandten in der früheren DDR gewesen?

In der linken Spalte stehen wichtige Ereignisse der „großen" Geschichte. Rechts daneben können nun die zeitlich parallelen Familienereignisse eingetragen werden. Dabei helfen Eltern, Großeltern, Urgroßeltern, Verwandte, Fotos- und Briefsammlungen auf dem Speicher, Tagebuchaufzeichnungen, Zeitungsartikel, das Familien-Stammbuch, Urkunden und Festschriften.

1870/71:
Deutsch-Französischer Krieg.
Frankreich war der Kriegsverlierer.
Das belastete das deutsch-französische Verhältnis schwer und verhinderte lange Zeit eine Aussöhnung.

1871:
Verfassung des Deutschen Reiches.
Sie unterstrich die preußische Führung. Der Kaiser war zugleich König von Preußen. Bismarck war gleichzeitig Reichskanzler, preu-

ßischer Ministerpräsident und Außenminister: eine monarchisch-konservative, konstitutionelle Reichsverfassung.

1878:

Sozialistengesetz. Die sozialdemokratischen und sozialistischen Vereine, 600 Zeitungen und Zeitschriften und 1170 Bücher und Druckschriften wurden verboten, 1500 Arbeiterführer ins Gefängnis geworfen. Bismarck wollte mit diesem Gesetz die sozialdemokratische Partei und die Gewerkschaften zerschlagen.

1883–1889:

Sozialgesetze. Sie sollten – erstmalig auf der Welt – die soziale Lage der Arbeiter verbessern und sie dadurch für den Staat gewinnen – und damit auch ihre politischen Organisationen und die Sozialdemokratische Partei schwächen.

1883 (Krankenversicherung), 1884 (Unfallversicherung), 1889 (Alters- und Invaliditätsversicherung = Zusicherung einer Altersrente nach dem 70. Lebensjahr nach 30-jähriger Beitragszahlung sowie eine Invalidenrente bei Arbeitsunfähigkeit).

20. 3. 1890:

Entlassung Bismarcks. Nach dem Tod Kaiser Wilhelm I. (1888) wurde sein Enkelsohn Kaiser (Kaiser Wilhelm II.). Dieser veranlasste Bismarck zu einem Rücktrittsgesuch und entließ ihn.

ab 1890:

Deutschland beteiligte sich intensiv an der imperialistischen Politik der europäischen Großmächte. Zahlreiche Gebiete in Übersee wurden kolonialisiert.

1. 1. 1900:

Das Bürgerliche Gesetzbuch (BGB), das heute noch gültig ist, tritt in Kraft.

28. 6. 1914:

Attentat auf den österreichischen Thronfolger in Sarajevo. Das ist der Auslöser für den Ausbruch des 1. Weltkrieges, auf den vor allem Deutschland hinarbeitete.

1914–1918:

1. Weltkrieg. Deutschland verliert den Krieg. Der Kaiser dankt ab und geht ins Exil. Deutschland wird Republik (Weimarer Republik).

1920:
Der Versailler Vertrag tritt in Kraft. Deutschland wird die Schuld am Ersten Weltkrieg zugesprochen. Es muss Gebiete abtreten, Reparationsleistungen zahlen und darf nur noch ein 100 000-Mann-Heer führen.

15. 11. 1923:
Einführung der Rentenmark und Ende der Inflation.

1923–1929:
So genannte „Blütezeit" der Weimarer Republik: Politische Entspannung (Verträge mit anderen Staaten, Aufnahme Deutschlands in den Völkerbund), Wirtschaftsaufschwung, kulturelle Hochblüte (die „goldenen Zwanziger"), wissenschaftliche Erfolge (Nobelpreise).

25. 10. 1929:
New Yorker Börsenkrach. Beginn der Weltwirtschaftskrise. Negative Auswirkungen auf die Entwicklung in Deutschland: Anstieg der Arbeitslosigkeit, Auseinandersetzungen zwischen Nazis und Kommunisten.

30. 1. 1933:
Adolf Hitler wird von Reichspräsident Hindenburg zum Reichskanzler ernannt. Damit beginnt die nationalsozialistische Herrschaft in Deutschland: Gleichschaltung aller Lebensbereiche, Judenverfolgung, Aufrüstung.

1933–1945:
Über 6 Millionen Menschen, vor allem Juden, aber auch Sinti und Roma und politische Gegner werden in Konzentrationslagern systematisch ermordet.

9. 11. 1938:
Reichspogromnacht (auch „Reichskristallnacht" genannt). Jüdische Synagogen und Geschäfte werden zerstört, Juden werden verhaftet und getötet.

1. 9. 1939:
Ausbruch des 2. Weltkrieges mit dem Überfall Deutschlands auf Polen.

1939–1945:
Der Zweite Weltkrieg forderte mehr als 50 Millionen Tote. Mehr als 5,4 Millionen Zwangsarbeiter wurden vor allem in der Rüstungsindustrie und in der Landwirtschaft eingesetzt, die meisten davon starben elend an Unterernährung und Misshandlung.

8. 5. 1945:
Bedingungslose Kapitulation Deutschlands.

6. 8. 1945:
Atombombenabwurf auf die japanischen Städte Hiroshima und am 9. 8. 1945 auf Nagasaki durch die USA.

1945–1949:
Besatzungszeit. USA, England, Frankreich und die Sowjetunion übernehmen die Regierungsmacht in Deutschland. Die drei Westzonen (amerikanische, englische, französische) werden zur Bundesrepublik Deutschland (BRD) – gegründet am 23. 5. 1949, und die sowjetisch besetzte Zone wird zur Deutschen Demokratischen Republik (DDR) – gegründet am 7. 10. 1949.

17. 6. 1953:

Volksaufstand in der DDR. Dieser Tag wird als „Tag der deutschen Einheit" zum nationalen Feiertag in der Bundesrepublik – und als Feiertag 1990 vom 3. Oktober abgelöst.

13. 8. 1961:

Bau der Berliner Mauer. Wegen des Anstiegs der Flüchtlingszahlen riegelte die DDR ihr Gebiet in Berlin durch den Bau einer Mauer ab. Alle Verkehrsverbindungen zwischen den beiden Teilen Berlins wurden dadurch unterbrochen. Gleichzeitig führte die DDR an allen Grenzen nach West-Berlin und zur Bundesrepublik scharfe Kontrollen ein.

1967:

Beginn der Studentenunruhen. Mit dem Tod des Studenten Benno Ohnesorg am 2. Juni begann ein bundesweiter Aufstand der Studenten. Sie wehrten sich gegen ihre schlechten Studienbedingungen und gegen die Beteiligung der USA am Vietnamkrieg. Aus der Studentenbewegung entwickelte sich die Außerparlamentarische Opposition (APO), aber auch die terroristische Szene der RAF (Rote Armee Fraktion).

10. 12. 1971:
Friedensnobelpreis für Willy Brandt (SPD-Politiker; u. a. Bundeskanzler).

1972:
Die Ostverträge mit der DDR und den Staaten des Ostens führten zu einer Normalisierung: Reiseerleichterungen, Wirtschaftsbeziehungen, politische Gespräche, Familienzusammenführungen.

1979:
1. Direktwahl zum Europäischen Parlament.

1982:
Misstrauensvotum gegen den SPD-Kanzler Helmut Schmidt und Wahl des neuen Bundeskanzlers Helmut Kohl.

9. 11. 1989:
Öffnung der Berliner Mauer.

3. 10. 1990:
Wiedervereinigung der beiden deutschen Staaten. Der 3. Oktober wird neuer Nationalfeiertag in Deutschland.

1. 11. 1993:
Maastrichter Vertrag zur Gründung der Europäischen Union tritt in Kraft.

27. 9. 1998:
Zum ersten Mal in der Geschichte der Bunderepublik und nach der Wiedervereinigung wird eine Regierung (CDU/CSU/FDP unter Kanzler Helmut Kohl, CDU) durch Wahlen abgelöst – und nicht durch Machtwechsel aufgrund neuer Koalitionen: Gerhard Schröder (SPD) wird Bundeskanzler, Joschka Fischer (B90/Grüne) Vizekanzler und Außenminister.

23. 3. 1999:
Beginn der Bombenabwürfe der Nato-Truppen auf Jugoslawien wegen des Kosovo-Konflikts mit Zustimmung der deutschen Bundesregierung.

5.0 Glossar
(Wörterverzeichnis mit Erklärungen)

Geschichte wird von Personen, Organisationen und Ereignissen bestimmt. Hier findet man in alphabetischer Reihenfolge eine Auswahl, die nach Meinung des Autors für das Verständnis von geschichtlichen Zusammenhängen in der heutigen Zeit eine Rolle spielen.

Adenauer, Konrad (1876–1967): deutscher Politiker (Zentrum, später CDU). Adenauer war von 1917 bis 1933 Oberbürgermeister von Köln und von 1920 bis 1933 Präsident des Preußischen Staatsrats. Während der Naziherrschaft wurde er verfolgt. 1945 war er Mitbegründer der CDU, Parteivorsitzender bis 1966. Adenauer nahm an den Beratungen des Parlamentarischen Rates teil, der das Grundgesetz schuf. Von 1949 bis 1963 war Adenauer der erste Bundeskanzler der Bundesrepublik Deutschland. Er setzte sich für die Eingliederung der BRD in den Westen (Westorientierung), die Freundschaft mit Frankreich und den USA sowie für die Wiederbewaffnung Deutschlands ein.

Konrad Adenauer (1876–1967)

Apartheid: Politik der Rassentrennung zwischen der weißen und farbigen Bevölkerung in Südafrika. Erst 1993 wurde die Apartheid offiziell aufgehoben.

Arbeitslosigkeit: (Vorübergehende) Beschäftigungslosigkeit von Arbeitnehmern. Am Ende des 20. Jahrhunderts liegt die Zahl der Arbeitslosen in Deutschland bei mehr als 4 Millionen Menschen.

Berlin-Blockade: Vom 24. 6. 1948 bis 12. 5. 1949 sperrte die Sowjetunion die Land- und Wasserwege für den Personen- und Güterverkehr zwischen Westberlin und Westdeutschland. Die USA und Großbritannien errichteten eine so genannte Luftbrücke. In fast 200 000 Flügen wurde die Berliner Bevölkerung mit rund 1,44 Millionen Tonnen Gütern versorgt.

Bundesrepublik Deutschland (BRD): Wurde nach dem 2. Weltkrieg (1939–1945) mit der Verkündung des Grundgesetzes (GG) am 23. 5. 1949 aus den drei westlichen Besatzungszonen (englische, amerikanische und französische Zone) gegründet.

Bismarck, Otto Fürst von (1815–1898): deutscher Politiker und Reichskanzler, wurde 1862 preußischer Ministerpräsident. Er war der Gründer des Deutschen Reiches (1870/71) und bekämpfte als Reichskanzler innenpolitisch den Katholizismus („Kulturkampf") und die Arbeiterbewegung. Außenpolitisch sicherte er Deutschland durch ein umfassendes Bündnissystem. 1890 musste Bismarck als Reichskanzler abdanken.

Otto Fürst von Bismarck

Brandt, Willy (1913–1992): deutscher Politiker (SPD). Er emigrierte 1933 als Sozialist nach Norwegen. Von 1949 bis 1957 und ab 1969 war er Bundestagsabgeordneter, von 1957 bis 1966 Regierender Bürgermeister von Berlin, Bundesaußenminister (1966–1969), Bundeskanzler (1969–1974). 1971 erhielt er den Friedensnobelpreis.

Willy Brandt

Cäsar (eigentlich Gaius Julius Cäsar) (102 oder 100–44 v. Chr.): römischer Staatsmann und Feldherr. Er wurde ermordet, weil man ihm vorwarf, eine Monarchie errichten zu wollen. Nach ihm wurden die späteren römischen Kaiser Caesaren genannt. Das deutsche Wort „Kaiser" und das russische „Zar" stammen von „Caesar" ab.

Gaius Julius Cäsar (Münzdarstellung)

CDU (= Christlich Demokratische Union): Partei, die nach dem 2. Weltkrieg in allen vier Besatzungszonen gegründet wurde. Nach der Vorstellung der CDU sollte der Staat auf christlicher Grundlage erneuert werden.

CSU (= Christlich Soziale Union): 1945 in Bayern gegründete Partei und bis heute auf Bayern beschränkt (dafür verzichtet die CDU auf einen Auftritt in Bayern).

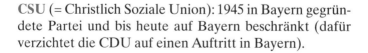

Friedrich Ebert

Ebert, Friedrich (1871–1925): deutscher Politiker (SPD) und erster Reichspräsident. Ebert wurde 1918 Reichskanzler und 1919 erster Reichspräsident der neugegründeten Weimarer Republik.

DDR (= Deutsche Demokratische Republik): Gebiet der ehemaligen sowjetisch-besetzten Zone (SBZ). Die DDR wurde am 7. 10. 1949 als Reaktion auf die Gründung der Bundesrepublik Deutschland geschaffen.

Engels, Friedrich (1820–1895): sozialistischer Schriftsteller und Politiker, Mitbegründer des Marxismus. Gemeinsam mit Karl Marx verfasste er 1848 das Kommunistische Manifest. Sein Ziel war die Aufhebung der Ungleichheit zwischen den Besitzenden (Kapitalisten) und den Nicht-Besitzenden (Proletarier).

Ludwig Erhard

Erhard, Ludwig (1897–1977): Wirtschaftspolitiker, CDU, Bundeskanzler. Als Wirtschaftsminister 1949 bis 1963 setzte er das Konzept der sozialen Marktwirtschaft durch. Seit 1957 war er Vizekanzler und von 1963 bis 1967 Bundeskanzler.

Erster Weltkrieg (1914–1918): Der 1. Weltkrieg wurde durch die Ermordung des österreichischen Thronfolgers in Serbien ausgelöst. Es kam zu

einem Krieg zwischen den so genannten „Mittelmächten"
(Deutschland, Österreich-Ungarn, Türkei, Bulgarien) gegen die Alliierten (Frankreich, Russland, Großbritannien,
später auch die USA und weitere Staaten). Mit der Kapitulation Deutschlands im November 1918 war der 1. Weltkrieg beendet. Deutschland wurde als der Hauptschuldige
für den 1. Weltkrieg angesehen.

F.D.P. (= Freie Demokratische Partei): Sie wurde 1948 gegründet und will möglichst viel persönliche Freiheit für die
Bürger und möglichst wenig Einflussnahme des Staates in
die Wirtschaft.

Friedrich I. (genannt Friedrich Barbarossa) (1122–1190),
Kaiser: wurde 1152 deutscher König und 1155 Kaiser.
Während seiner Regierungszeit erreichte das Heilige Rö-
mische Reich seinen Höhepunkt.

Friedrich II. (genannt Friedrich der Große) (1712–1786),
preußischer König: Er wurde 1740 preußischer König. Unter seiner Herrschaft stieg Brandenburg-Preußen zur europäischen Großmacht auf. Er war der Hauptvertreter des
aufgeklärten Absolutismus, reformierte den preußischen
Staat und baute das Beamtenwesen auf.

Galilei, Galileo (1564–1642), italienischer Naturwissen-
schaftler und Philosoph: Galilei trat für das Weltbild des
deutschen Astronomen und Mathematikers Kopernikus
ein (die Sonne steht im Mittelpunkt der um sie kreisenden
Planeten, zu denen auch die Erde gehört). Deshalb wurde
er von der katholischen Kirche verfolgt und unter unbe-
fristeten Hausarrest gestellt.

Mahatma Gandhi

Gandhi, Mahatma (= auf hindi „Große Seele", eigentlich Mohandas Karamchand Gandhi) (1869–1948), Führer der indischen Unabhängigkeitsbewegung: Gandhi erreichte mit seiner Methode des gewaltlosen Widerstands die Gleichberechtigung seiner Landsleute in Südafrika und die Unabhängigkeit Indiens von Großbritannien.

Goebbels, Joseph (1897–1945): nationalsozialistischer Politiker. Ab 1933 leitete Goebbels als Minister für Volksaufklärung und Propaganda die nationalsozialistische Propaganda. Beim Zusammenbruch des NS-Regimes 1945 beging er Selbstmord.

Göring, Hermann (1893–1946): nationalsozialistischer Politiker: Göring war im 1. Weltkrieg Jagdflieger. Ab 1932 war er Reichstagspräsident, seit 1933 preußischer Ministerpräsident, seit 1935 Oberbefehlshaber der Luftwaffe und seit 1940 Reichsmarschall. Göring wurde 1946 bei den Nürnberger Prozessen zum Tode verurteilt und beging Selbstmord.

Michail Sergejewitsch Gorbatschow

Gorbatschow, Michail Sergejewitsch (*1931): sowjetischer Politiker. Gorbatschow wurde 1985 zum Generalsekretär der Kommunistischen Partei der Sowjetunion gewählt. Durch seine einschneidenden Reformen („Glasnost" = Öffentlichkeit, die Entscheidungen der Regierung für die Öffentlichkeit durchsichtiger machen, und „Perestroika" = Umbau, gesellschaftliche Veränderung durch politische und wirtschaftliche Reformen) leitete er die Demokratisierung in der Sowjetunion, das Ende des West-Ost-Konflikts und die Wiedervereinigung Deutschlands ein.

Grüne (Partei): Die Grünen (heute „Bündnis 90/Die Grünen") wurden 1980 durch Zusammenschluss mehrerer regionaler Gruppen als (Umwelt-)Partei gegründet. Ihre Prinzipien sind: ökologisch, sozial, basisdemokratisch und gewaltfrei.

Gutenberg, Johann (um 1400–1468): „Erfinder" des Buchdrucks. Johann Gensfleisch zum Gutenberg (sein eigentlicher Name) erfand den Buchdruck mit beweglichen Metalllettern. Damit löste er das Vervielfältigen von Schriften von Hand ab. Größeren Bevölkerungskreisen wurde dadurch der Zugang zu Ideen und Meinungen ermöglicht; die Alphabetisierung der Bevölkerung wurde gefördert.

Heuss, Theodor (1884–1963): FDP-Politiker, erster Bundespräsident der Bundesrepublik Deutschland.

Hindenburg, Paul von Beneckendorff und von (1847 bis 1934): Generalfeldmarschall und Reichspräsident. Er war seit 1916 Chef des Generalstabs und damit Oberbefehlshaber aller deutschen Truppen im 1. Weltkrieg.

Theodor Heuss

Paul von Beneckendorff Hindenburg

1925 wurde er als Kandidat der Rechten zum Reichspräsidenten in der Weimarer Republik gewählt. Er ernannte 1933 Hitler zum Reichskanzler.

Adolf Hitler

Hitler, Adolf (1889–1945): „Führer" und Reichskanzler. Vorsitzender der NSDAP, am 30. 1. 1933 Reichskanzler. Hitlers Weltanschauung basierte auf einem ausgeprägten Rassismus und Antisemitismus, dem Führerprinzip und der Vorstellung von der Ausdehnung des deutschen Reiches (vor allem nach Osten). Er ist verantwortlich für den Mord an über sechs Millionen Juden sowie für den Ausbruch des 2. Weltkrieges (1939–1945) mit über 50 Millionen Toten. Hitler beging am 30. 4. 1945 Selbstmord.

Jugoslawien-Konflikt: Nach dem Tod des Ministerpräsidenten Tito im Jahre 1980 kam es in Jugoslawien zu Nationalitätenkonflikten und die Wirtschaftslage verschlechterte sich. 1991 erklärten Kroatien und Slowenien ihre Unabhängigkeit, gefolgt von Mazedonien und Bosnien-Herzegowina. In mehreren Friedensabkommen (zuletzt 1999 in Rambouillet und Paris) wurde versucht, die ethnischen und politischen Konflikte verfeindeter Volksgruppen zu lösen – seit dem 23. März 1999 unter dem Druck der Bombardierung Jugoslawiens durch Truppen der NATO. Unter der Leitung der UNO wird der Kosovo seit dem Ende der Bombardierung von der internationalen KFOR-Truppe (u. a. auch russische Soldaten) verwaltet.

Kalter Krieg: Auseinandersetzung zwischen Staaten auf diplomatischem und wirtschaftlichem Gebiet, also (noch) nicht mit militärischen Mitteln.

Karl der Große (742–814): Frankenkönig, Kaiser. Im Jahre 800 wurde er vom Papst zum Kaiser gekrönt. Er bestimmte maßgeblich die geschichtliche Entwicklung Europas.

Kennedy, John Fitzgerald (1917–1963): amerikanischer Politiker, 1960 wurde er zum 35. Präsidenten der USA gewählt. Mit weitreichenden Reformen galt er als Hoffnungsträger der jungen Generation. In der Kubakrise 1962 schlitterte er knapp an einem Atomkrieg mit der Sowjetunion vorbei und sendete später so genannte Militärberater nach Vietnam. Kennedy fiel am 22. 11. 1963 in Dallas einem Attentat zum Opfer.

John Fitzgerald Kennedy

Kolumbus, Christoph (1451–1506): Ein Seemann, der Indien auf dem Seeweg nach Westen erreichen wollte und bei seinen Fahrten 1492 Amerika (wieder-)entdeckte.

Koreakrieg: Im Januar 1950 drangen nordkoreanische Streitkräfte in Südkorea ein. Südkorea wurde von UN-Streitkräften unterstützt, Nordkorea u. a. von der Volksrepublik China. Der Krieg endete am 27. 7. 1953.

Kubakrise (1962): Konflikt zwischen den USA und der UdSSR wegen der Stationierung sowjetischer Mittelstreckenraketen auf Kuba. Hierdurch hätte sich die strategische Weltlage zugunsten der UdSSR ausgeglichen. Um das zu verhindern, verhängte der US-Präsident Kennedy eine Seeblockade gegen weitere sowjetische Lieferungen. Die UdSSR gab nach und zog die Raketen ab. Die Krise hatte die Welt an den Rand eines 3. Weltkrieges gebracht.

Lenin (1870–1924): russischer Revolutionär. Wladimir Iljitsch Uljanow (Lenin) war seit 1903 Führer der Bolschewiki. 1917 löste er die Oktoberrevolution aus. Seine Lehren wurden zur ideologischen Grundlage der Sowjetunion und der kommunistischen Weltbewegung.

Wladimir Iljitsch Lenin

Ludwig XIV. (1638–1715): französischer König. Unter ihm erreichte der französische Absolutismus seinen Höhepunkt und Frankreich die Vormachtstellung in Europa. Wegen seiner prunkvollen Hofhaltung wurde er „Sonnenkönig" genannt.

Martin Luther

Luther, Martin (1483–1546): deutscher Reformator. Er löste 1517 die Reformation aus. Aktueller Anlass war der so genannte Ablasshandel (gegen Geldzahlungen vergaben offizielle Ablassprediger vergangene und zukünftige Sünden). Luther ließ allein die Bibel als Richtschnur für christliches Handeln gelten. Seine Bewegung spaltete die katholische Kirche. Seine Bibelübersetzung beeinflusste stark die Entwicklung der deutschen Sprache.

Mao Zedong (1893–1976): chinesischer Politiker: Als Mitbegründer und späterer Vorsitzender der Kommunistischen Partei errichtete er die kommunistische Volksrepublik China und entwickelte eine eigene Form des Marxismus, die als Maoismus bezeichnet wird.

Mao Zedong

Marshallplan (1947): Wirtschaftshilfe (Warenlieferungen, Kredite usw.) für europäische Länder (vor allem Deutschland) nach dem 2. Weltkrieg. Der Urheber des Plans war der amerikanische Außenminister George Catiett Marshall (1880–1959).

Marx, Karl (1818–1883): Begründer des Marxismus: Seit 1849 lebte er in London. Dort begründete er gemeinsam mit Friedrich Engels den wissenschaftlichen Sozialismus. Danach bestimmen nicht die Ideen und Ideologien, sondern die tatsächlichen wirtschaftlichen Verhältnisse die Entwicklung der Geschichte. Der Ablauf der Geschichte ist danach ein ständiger Kampf zwischen den Gesellschaftsschichten: den Besitzenden und Nicht-Besitzenden von Produktionsmitteln.

Karl Marx

Mauerbau in Berlin (13. 8. 1961): Die DDR errichtete in Berlin auf der Grenze zwischen Ost- und West-Berlin eine Mauer, um zu verhindern, dass weitere Menschen aus der DDR in die Bundesrepublik übersiedelten.

Mohammed (um 570–632): Religionsstifter des Islam. Er verkündete ab 610 in Mekka seine Offenbarungen und gründete eine eigene religiöse Lehre, den Islam.

Nahostkonflikt: Gespanntes Verhältnis zwischen Israel und den umliegenden arabischen Staaten. Dieser Konflikt hatte 1947 begonnen, als die UNO beschlossen hatte, Palästina in einen arabischen und einen jüdischen Staat aufzuteilen.

Napoleon I.

Napoleon I. (1769–1821): französischer Feldherr und Kaiser. Er krönte sich nach militärischen Erfolgen 1804 zum Kaiser und errichtete in Europa eine französische Vorherrschaft. Mit seinem gescheiterten Angriff auf Russland 1812 begann sein Niedergang.

NATO (North Atlantic Treaty Organization = Nordatlantikpakt): Westliches Verteidigungsbündnis, das 1949 geschlossen wurde und eine ständige Zusammenarbeit der Mitgliedsstaaten im politischen, wirtschaftlichen und kulturellen Bereich anstrebt. Mitgliedsländer sind u. a.: Großbritannien, Niederlande, Belgien, Luxemburg, Deutschland, USA, Kanada, Griechenland, Spanien und die Türkei. Seit 1999 definiert sich die NATO als eine Art Weltpolizei, die auch ohne UNO-Mandat weltweit militärisch eingreifen kann.

Nord-Süd-Konflikt: Gegensatz zwischen den reichen Industriestaaten der nördlichen Halbkugel und den armen Entwicklungsländern auf der südlichen Halbkugel.

Nürnberger Prozesse: Strafprozesse zur Aburteilung von nationalsozialistischen Verbrechern. Der Prozess fand nach der Beendigung des 2. Weltkrieges in Nürnberg statt. Zahlreiche Hauptkriegsverbrecher wurden zum Tode oder zu lebenslangen Haftstrafen verurteilt.

PDS (Partei des Demokratischen Sozialismus): Diese Partei entstand im Dezember 1989 als Nachfolgeorganisation der SED, der Sozialistischen Einheitspartei Deutschlands, die seit 1949 in der DDR regiert hatte.

SED (Sozialistische Einheitspartei Deutschlands): Diese Partei wurde 1946 in der sowjetischen Besatzungszone durch einen Zusammenschluss von KPD und SPD gegründet. Sie übte in der ehemaligen DDR die entscheidende Macht aus.

SPD (Sozialdemokratische Partei Deutschlands): Die SPD ging 1890 aus der Sozialdemokratischen Arbeiterpartei hervor, die ihrerseits 1875 aus der Vereinigung des Allgemeinen Deutschen Arbeitervereins mit der Sozialdemokratischen Arbeiterpartei entstanden war. Die SPD setzte sich immer stark für soziale Gerechtigkeit und Gleichberechtigung in der Gesellschaft ein. Vor allem bekämpfte sie die Unterdrückung der Arbeiter. Heute hat sie sich zu einer Volkspartei entwickelt.

*Jossif Wissariono-
witsch Stalin*

Stalin, Jossif Wissarionowitsch (1879–1953): sowjetischer Politiker. J. W. Dschugaschwili (Stalin) war ab 1903 Mitglied der Bolschewiki. Nach dem Tod Lenins errichtete Stalin eine persönliche Diktatur und wandelte die Sowjetunion mit Terror und Unterdrückung zum Industriestaat um. Millionen Menschen fielen seiner Herrschaft zum Opfer.

Stresemann, Gustav (1878–1929): Reichskanzler und Außenminister. Er bestimmte die Außenpolitik der Weimarer Republik. Mit dem französischen Außenminister Briand erhielt Stresemann 1926 den Friedensnobelpreis.

Studentenbewegung: Auflehnung der Studenten gegen schlechte Studienbedingungen und nichtdemokratische Verhältnisse an den Universitäten sowie allgemeine politische Aktivitäten, u. a. Kampf gegen den Vietnamkrieg. Aus den Anfängen der Studentenbewegung Ende der 60er Jahre entwickelte sich nach der Erschießung von Benno Ohnesorg am 2. Juni 1967 die APO (Außerparlamentarische Opposition). Aus einigen extremen Kräften der Studentenbewegung bildete sich der Terrorismus (RAF – Rote Armee Fraktion/Baader-Meinhof-Bande).

UNO (United Nation Organization = Vereinte Nationen): 1945 gegründete Staatenverbindung. Zu ihren Hauptzielen gehören die Wahrung des Weltfriedens, die Förderung freundschaftlicher Beziehungen zwischen den Nationen sowie die internationale Zusammenarbeit zur Lösung wirtschaftlicher, sozialer, kultureller und humanitärer Probleme und die Förderung der Menschenrechte ohne Unterschied von Rasse, Geschlecht, Sprache oder Religion.

Vietnamkrieg: Krieg um die Einheit und Unabhängigkeit Vietnams. Die erste Kriegsphase von 1946 bis 1954 wird als Indochinakrieg bezeichnet. Als eigentlicher Vietnamkrieg gilt die 2. Kriegsphase. Es handelte sich anfangs um einen Bürgerkrieg, der auf nordvietnamesischer Seite von der UdSSR und China und auf südvietnamesischer Seite von den USA unterstützt wurde. Die USA griffen ein, weil sie befürchteten, dass die südostasiatischen Staaten kommunistisch würden und dass sie selbst Macht und Einfluss in diesem Gebiet verlieren würden. 1964 setzten die Amerikaner eigene Streitkräfte für einen Luftkrieg gegen Nordvietnam ein. 1969 begann die USA mit dem Abzug ihrer Truppen. 1973 wurde der Vietnamkrieg durch einen Waffenstillstand offiziell beendet.

Warschauer Pakt: 1955 geschlossenes Militärbündnis osteuropäischer Staaten; Gegenorganisation zur NATO. Er wurde 1991 aufgelöst, als die kommunistischen Regime in Osteuropa zerfielen.

Washington, George (1732–1799): amerikanischer Feldherr, Staatsmann und erster Präsident. Er führte im amerikanischen Unabhängigkeitskrieg 1775–1783 die amerikanischen Truppen. 1789 wurde er zum ersten amerikanischen Präsidenten gewählt.

George Washington

Wiedervereinigung: Beitritt der DDR (die fünf neuen Bundesländer) zur Bundesrepublik Deutschland. Nach dem Fall der Berliner Mauer im November 1989 wurde Deutschland am 3.10.1990 wiedervereinigt.

Zweiter Weltkrieg (1939–1945): Er begann am 1.9.1939 mit dem Angriff Deutschlands auf Polen. Den so genannten Achsenmächten Deutschland, Italien und Japan auf der einen Seite standen die Alliierten (Frankreich, Großbritannien, UdSSR, USA etc.) auf der anderen Seite gegenüber. Der Zweite Weltkrieg ging in Europa mit der bedingungslosen Kapitulation Deutschlands am 8.5.1945 zu Ende. Mit den Atombombenabwürfen der Amerikaner am 6. und 9.8.1945 auf die japanischen Städte Hiroshima und Nagasaki und der japanischen Kapitulation am 14.8.1945 (am 2.9.45 unterzeichnet) wurde der 2. Weltkrieg beendet. 55 Millionen Menschen wurden während des 2. Weltkrieges getötet.

6.0 So schreibt man sich ein eigenes Lernprogramm

Wer aus einem Buch etwas lernen soll, kann das entsprechende Kapitel durchlesen, beim Lesen einige Stellen markieren und unterstreichen oder ganze Abschnitte am Rand anstreichen und dabei verschiedene Zeichen (Fragezeichen, Ausrufungszeichen, Wellenlinien) benutzen. Er kann auch längere Stellen herausschreiben und auf Karteikarten festhalten, diese immer wieder lesen und dadurch auswendig lernen.

Besonders wirkungsvoll ist das Lernen mit einer Lernkartei und einem Lernprogramm, das man nicht fertig kauft, sondern das man sich selbst anlegt.

Das soll jetzt an einem Beispiel gezeigt werden.

Wir nehmen zwei Abschnitte aus der vorliegenden Broschüre „Geschichte verstehen lernen" (S. 51).

Nach dem ersten Durchlesen hat man einen ungefähren Eindruck, worum es in dem Textauszug geht: Es wird erklärt, was unter der „Gleichschaltungspolitik" der Nazizeit zu verstehen ist und wie Hitler diese Politik verwirklicht hat. Dabei wird deutlich, wie in die einzelnen Lebensbereiche eingegriffen worden ist. Beim zweiten Durchlesen markiert man (am besten mit einem Textmarker) die wichtigsten inhaltlichen Aussagen:

Die Gleichschaltungspolitik
Als in der Nacht vom 27. auf den 28. Februar 1933 das Reichstagsgebäude in Berlin brannte, schoben die Nazis

den Brandanschlag den Kommunisten in die Schuhe und erließen im Rahmen des Notverordnungsrechts eine Notverordnung zum Schutz von Volk und Staat. Dadurch bekam Hitler die legalen Machtmittel in die Hand, seine Gegner zu verfolgen. Gegen die Stimmen der SPD wurde danach am 24. 3. 1933 das so genannte Ermächtigungsgesetz erlassen. Damit besaß Hitler als Chef der Regierung nicht nur die oberste ausführende, sondern auch die gesetzgebende Macht im damaligen Deutschland.

In der Folgezeit verbot Hitler die Neugründung von Parteien; nur noch die NSDAP (Nationalsozialistische Deutsche Arbeiter Partei) war zugelassen. Alle Lebensbereiche in Deutschland wurden vom Nationalsozialismus durchdrungen = Gleichschaltung.

Die bisher bestehenden Gewerkschaften wurden durch die nationalsozialistische Einheitsgewerkschaft ersetzt, die DAF (Deutsche Arbeits Front).

Die Reichskulturkammer bestimmte das Kulturleben. Bücher von andersdenkenden Schriftstellern wurden verboten und öffentlich verbrannt. Kunstwerke, die nicht in das Konzept der Nazis passten, wurden als „entartete Kunst" verboten. Viele angesehene Künstler verließen Deutschland und gingen ins Exil.

Die Hitler-Jugend wurde Ende 1936 durch Gesetz Pflichtverband. In den Schulen stand die Leibesertüchtigung im Vordergrund, gefolgt von „weltanschaulichen" Fächern wie „Deutschkunde" und Biologie. „Diese Jugend, die lernt ja nichts anderes als deutsch denken, deutsch handeln. Sie kommt vom Jungvolk in die Hitler-Jugend, und dort behalten wir sie wieder vier Jahre, und dann geben wir sie erst recht nicht zurück in die Hände unserer alten Klassen- und Standeserzeuger, sondern dann nehmen wir sie sofort in die Partei oder in die Arbeitsfront, in die SA oder in die SS. Und wenn sie dort noch nicht ganz Nationalsozialisten geworden sein sollten, dann kommen sie in den Arbeitsdienst und werden dort wieder sechs und sieben Monate geschliffen. Und was dann nach sechs oder sieben Monaten noch an Klassenbewusstsein oder Standesdünkel da oder da noch vorhanden sein sollte, das übernimmt die Wehrmacht. Und sie werden nicht mehr frei, ihr ganzes Leben." (Adolf Hitler: Rede in Reichenberg am 2. 12. 1938).

Im dritten Durchgang legt man nun die Karteikarten (DIN A7 oder DIN A8) an. Ich habe mich hier auf vier beschränkt. Selbstverständlich können noch mehr und auch andere Fragen gestellt und Karten gefertigt werden. Auf die Vorderseite kommt die Frage, auf die Rückseite die Antwort. Dabei muss man den Text nicht ganz genau abschreiben, sondern kann ihn auch frei formulieren, wenn man ihn verstanden hat.

Mehr zu diesem Lernsystem und die Arbeit mit der Lernbox in *Das kleine Buch vom Lernen*, AOL Verlag, Nr. F411).

Auf der folgenden Seite finden Sie 4 Beispiele dafür, wie man mit Hilfe von Frage-/Antwortkärtchen auch anspruchsvollen Lehrstoff schnell und sicher in das Langzeitgedächtnis bringen kann: Einfach die folgende Seite kopieren, um die Mittellinie herum falten, zusammenkleben, die einzelnen Lernkärtchen ausschneiden und in das erste Fach der AOL-Lernbox stellen. ➡

| D | 001 | ? |

Als „Reichstagsbrand" ging dieses Ereignis in der Nacht vom 27. auf den 28. Februar 1933 in die Geschichte ein.

Welche Folgen hatte der Reichstagsbrand?

| D | 001 |

Der Brand des Reichstagsgebäudes in Berlin wurde den Kommunisten in die Schuhe geschoben. Hitler nahm dieses Ereignis zum A[n]lass eine Notverordnung zum Schutz von Volk [und] Staat zu erlassen, mit der er seine Gegner lega[l] verfolgen konnte.

© AOL Verlag · D-77839 Lichtenau · Nr. F061 · Fon (07227) 95 88-0 · Fax 95 88-[...]

| D | 002 | ? |

Am 24. 3. 1933 wurde das so genannte Ermächtigungsgesetz erlassen.

Welche Bedeutung hatte es?

| D | 002 |

Durch dieses Gesetz besaß Hitler als Regierun[gs]chef nicht nur die oberste ausführende sonder[n] auch die gesetzgebende Macht.

© AOL Verlag · D-77839 Lichtenau · Nr. F061 · Fon (07227) 95 88-0 · Fax 95 88[...]

| D | 003 | ? |

Was ist unter dem Begriff „Gleichschaltung" zu verstehen?

| D | 003 |

Der Begriff der Gleichschaltung bedeutet, dass[s] alle Lebensbereiche in Deutschland vom Natio[nal]sozialismus durchdrungen wurden. Dazu gehö[ren] die Parteien, die Gewerkschaften, die Kultur u[nd] Kunst oder auch die Jugend.

© AOL Verlag · D-77839 Lichtenau · Nr. F061 · Fon (07227) 95 88-0 · Fax 95 8[...]

| D | 004 | ? |

Hitler sagte in einer Rede des Jahres 1938 über die Jugend im Nationalsozialismus: „Und sie werden nicht mehr frei, ihr ganzes Leben."

Was meinte er damit?

| D | 004 |

Damit meinte er, dass die Jugend nichts ander[es] lernen würde als deutsch zu denken und zu handeln. Und dies würde sie auch nicht mehr verlieren. Der Lebensweg der Jugendlichen w[ird] von den Einrichtungen des Nationalsozialismu[s] bestimmt: z. B. Hitlerjugend, Arbeitsdienst un[d] Wehrmacht.

© AOL Verlag · D-77839 Lichtenau · Nr. F061 · Fon (07227) 95 88-0 · Fax 95 8[...]

„leichter lernen"

Kompakt, übersichtlich, verständlich –
der schülerfreundlich aufbereitete Lernstoff für die
Sekundarstufe. Zum Immer-wieder-Nachschlagen,
zum Wiederholen, zum Überblick-Bewahren.

Jeder Band 96 Seiten. Zweifarbig gestaltet und illustriert.

Der Taschenbuchverlag
für Kinder und Jugendliche
von Bertelsmann